공감시대

움직이는 두 물체가 서로 부딪히면
마찰이 생기는 것은 자연법칙이다.
따라서 두 사람이 만나면 늘 '갈등'이 일어나게 마련이다.
- 이재규, 『청소년들을 위한 피터 드러커』 중에서

우리가 잘 들어주지 않는 것은 메시지의 내용 때문이 아니라
그것에 담긴 감정 때문이다. 다툼은 서로의 관점이 달라서가 아니라
그 차이에 감정적으로 반응하기 때문에 생긴다.
- 마이클 니콜스, 『대화의 심리학』 중에서

대화하고 소통하기 위해 필요한 건 언어가 아니라 공통분모다.
여기서 '공통분모'란 관심과 시간으로 만들어 함께하는 공간적 영역이다.
- 화술경영 윤치영 박사

공감시대

초판 1쇄 발행 2020년 9월 10일

지 은 이   윤치영
발 행 인   권선복
편   집   유수정
디 자 인   최새롬
전 자 책   서보미
발 행 처   도서출판 행복에너지
출판등록   제315-2011-000035호
주   소   (157-010) 서울특별시 강서구 화곡로 232
전   화   0505-613-6133
팩   스   0303-0799-1560
홈페이지   www.happybook.or.kr
이 메 일   ksbdata@daum.net

값 18,000원
ISBN 979-11-5602-834-5 13190

Copyright ⓒ 윤치영, 2020

도서출판 행복에너지는 독자 여러분의 아이디어와 원고 투고를 기다립니다. 책으로 만들기를 원하는 콘텐츠가 있으신 분은 이메일이나 홈페이지를 통해 간단한 기획서와 기획의도, 연락처 등을 보내주십시오. 행복에너지의 문은 언제나 활짝 열려 있습니다.

화법이 바뀌면 인생이 바뀐다

공감시대

추천사

대전광역시 서구청장 **장종태**

우리 지역 명사이신 화술경영 윤치영 박사의 41번째 저서 『공감시대
—화법이 바뀌면 인생이 바뀐다』 발간을 축하드립니다. 소통과 공감
이 어느 때보다 절실한 최근의 사회 상황에 비추어 볼 때 매우 시의적
절한 책이라 생각합니다. 저도 지방자치 현장에서 구민과 직접 소통
하고 공감하며 행복한 서구를 만들기 위해 최선을 다하고 있습니다.
국민은 끊임없이 변화를 요구하고 있습니다. 국가는 물론 지방정부도
변화를 열망하는 국민의 목소리에 늘 귀를 기울이며 기대에 부응하도
록 노력해야 합니다. 이 책은 일상뿐만 아니라 조직과 공동체 안에서
따뜻한 배려와 긍정적인 언어로 소통하며 갈등을 해소하는 방법을 안
내하고 있습니다. 개인의 행복과 조직의 성공을 추구하는 모든 독자
에게 큰 도움이 되리라 기대합니다. 저도 소통문화를 더 확산하여 구
정의 모든 정책을 구민과 함께 추진하며 더 큰 성과를 나눌 수 있도록
노력하겠습니다.

대한민국 커피시인 **윤보영**

윤치영 박사님을 처음 만난 것은 10여 년 전이었다. '건국대학교 언론홍보대학원' 언론스피치 과정 수업시간에서였다. 당시 퇴직 후 우리나라 3대 강사가 되겠다는 야심찬 목표를 정하고 스피치를 배울 수 있는 곳을 찾아다녔었다. 그때 윤치영 박사님을 만났고 너무 감동적인 강의를 들었다. 박사님에게 다가가 "저도 교수님처럼 강의를 잘하는 유명한 강사가 되고 싶은데 어떻게 하면 될 수 있을까요?" 하고 비결을 물은 적 있다. 그로부터 10년! 정말 열심히 노력했고 지금은 전국 곳곳을 다니며 '윤보영 시 쓰기 공식 10'이라는 제목의 강연을 하고 있다. 이런 일련의 과정을 떠올리면 윤치영 박사님을 알게 된 것이 무척 행운이라고 할 수 있다. 이번에 윤치영 박사님이 쓰신 책 『공감시대—화법이 바뀌면 인생이 바뀐다』는 강의를 듣지 못하는 많은 분들에게 좋은 스피치 지침서가 될 것이다.

청주 복있는교회 **김동준** 목사

프랑스에서 사회적으로 합의된 중산층의 기준이 되는 요소 중 하나는 "어떤 곳에서 어떤 이들과 어떤 주제로든 막힘없이 대화할 수 있는가?"라고 한다. 자신이 가지고 있는 역량, 독서나 경험이나 사색을 통해 얻어진 콘텐츠를 언제 어디서든 잘 표현하고 프리젠테이션을 잘하는 것이 실력과 능력을 인정받고 성공의 기회를 만들어 가는 요소가 아닌가 싶다.

12년 전쯤인가 어느 보수교육을 받는 다소 불편한 자리에 억지춘향 격으로 앉아있을 때 오후의 나른함을 화들짝 깨우는 한 마디, "쪼개지 말고 웃으시라구요." 빵 터짐과 함께 강의에 녹아들었다. 그분이 윤치영 박사님이셨다. 알고 보니 대전에서 스피치 강좌를 열고 계셨고 꼭한 번 집중적으로 강의를 듣고 싶었다. 안식년을 의미 있게 보내려다 코로나로 모든 계획이 물거품 되어 아쉬웠던 차에 나를 세상에 우뚝세우는 YCY명사과정(제5기 개강: 2021년 9월 7일 화요일)을 찾게 되었다. 12년만이다. 이번에 출간되는 박사님의 『공감시대─화법이 바뀌면 인생이 바뀐다』는 일상적 모임에서나 대중 앞에서 의미와 재미를 함께 전달하는 화술과 소통으로 자신의 실력과 능력을 멋지게 표현하고 인정받아 성공의 기회를 만들어 가는 소중한 자산이 될 것이다.

추천사 ᇀ

대전경제살리기 시민운동본부 상임대표 **전제모**

경제인의 한 사람으로서 요즘 경제침체의 심각성과 경제야말로 가장 중요한 삶의 원천임을 더욱 여실히 느끼고 있다. 경제란 인간과 인간, 그리고 자연과 과학문명이 함께 공존해야 하는 생명체와도 같다.

공존을 위한 소통은 필수불가결하며 이 사회를 연결하는 중요한 수단이기도 하다. 『공감시대―화법이 바뀌면 인생이 바뀐다』 책이 이 시대에 꼭 필요한 지침서가 될 것 같다. 행복한 성공인은 누구나 꿈꾸는 로망이다. 이들의 처세소통법은 더욱 절실한 우리들의 삶의 기술이랄 수 있다. 하여 다가오는 '공감의 시대'에 이 책을 빨리 읽어 보고 싶다. 더구나 화술경영 윤치영 박사의 YCY명강사과정을 비롯한 스피치 교육은 우리 지역의 숨은 인재들을 발굴하여 보석처럼 빛나고 용광로처럼 활활 타오르는 열정과 자신감을 심어주고 있다. 이들이 곧 지역경제를 넘어 한국과 글로벌 경제의 주역이 될 인재들로 성장하리라 믿는다. 윤치영 박사의 YCY스피치 교육에 감사의 인사를 드린다.

노블란트치과 대표원장 **정성우**

치과의사로서 산 지 어느덧 25년이 되어 간다. 그 세월 동안 느끼지 못했던 스피치 교육의 필요성을 YCY과정을 받으며 비로소 느끼고 있다. 제한된 시간 내에 준비한 내용을 자연스러우면서도 지루하지 않은 화법으로 청중들에게 전달하는 능력. 그런 능력이야말로 상대방의 호감을 얻을 수 있는 방법이다. 이 사실을 YCY과정을 통해 배우고 있다. 워런 버핏이 언젠가 인터뷰에서 말했다. 자신이 성공한 비결 중에 하나가 바로 자기가 존경할 수 있는 사람을 주변에 둔 것이라고. 내가 존경하게 된 윤치영 박사님과의 만남도 이에 해당한다. 말하는 방식에 따라 사람과의 관계가 달라진다. '어떤 사람을 만나는가'보다는 '어떻게 만나느냐'가 더 중요하다. 사람과의 관계가 인생을 결정짓는다. 이 책을 읽게 된 여러분에게도 어쩌면 이런 좋은 만남이 찾아올지도 모른다. 이 행운의 기회를 놓치지 말라.

국립농산물품질관리원 경기지원장 **한종현**

현대인에게 스피치는 불가피한 것입니다. 모임에서는 자기소개를 해야 하고 행사 때는 축사나 격려사를 해야 합니다. 직장생활에서 회의를 하고 발표를 하고 보고를 할 때면 항상 스피치의 필요성을 느낍니다. 과거의 조직문화가 수직적이어서 일방적으로 윗분의 지시에 의해 조직이 굴러갔다면 지금의 조직문화는 제법 수평적이어서 조직원들과 소통을 중시합니다. 그렇기에 스피치 능력이 뛰어난 사람들이 더 빨리 승진하고 인정받게 되는 것이 자연스러운 현상인 것 같습니다.

공감력을 키워놓는 것은 개인의 성공뿐 아니라 행복한 인생에도 필수적입니다. 그런 의미에서 윤치영 박사의 『공감시대―화법이 바뀌면 인생이 바뀐다』란 책은 학생, 회사원, 공무원, 자영업자 등 누구에게나 추천할 만합니다. 오랜 강의 경험과 이미 40여 권에 달하는 출간경험에도 불구하고 끊임없이 연구하고 시대의 흐름에 맞게 책을 저술하는 윤치영 박사의 노력에 경의를 표하지 않을 수 없습니다. 행복과 성공을 이루어 가는 모든 이들에게 이 책을 추천합니다.

문학박사·작가 **김우영**
(아프리카 탄자니아 다르에스살렘 외교대학 한국어학과 교수 역임)

말은 글이고 글은 곧 말이다. 따라서 말과 글이 뛰어난 사람을 '언어의
연금술사'라고 일컫는다. 21세기 말의 전설 윤치영 스피치커뮤니케이
션 대표는 지역의 대표적인 지성의 숯돌이자 준수한 외모와 21세기
신사의 품격을 갖춘 화술경영학 박사이다. 이번에 출간하는 격조 높
은 저서가 윤치영 박사를 정상에 우뚝 서게 하는 계기가 되기를 바라
며 八字 德談 보낸다. 용사비등평사낙안龍蛇飛騰平沙落雁.

선경회계법인 이사 **김성식**

YCY명사 과정에 함께하면서 박사님을 처음 뵙게 되었습니다. 박사님
을 뵙는 동안 나 자신에 대해 이해하는 시간을 갖게 되었습니다. 그러
면서 더 많은 자신감이 생기고, 다른 사람들의 상황이나 기분을 이해
하는 여유가 생겼습니다. 이 책 『공감시대—화법이 바뀌면 인생이 바
뀐다』를 통해 더 많은 이들이 저와 같은 경험을 했으면 합니다.

추천사 █

(주)마이더스파트너스 **김시온** 팀장

『공감시대―화법이 바뀌면 인생이 바뀐다』, 제목에서부터 인생을 풀어가는 주요 '키워드'가 전부 다 있네요. 저자인 윤치영 박사님은 이키워드를 거꾸로 나열하면 '공감―소통―처세―성공―행복'이라고, 순서대로 따라가면 만사형통된다고 강조하십니다. 저는 최근 'YCY명사과정'을 받으며 인생이 달라졌습니다. 박사님을 만나 스피치가 즐거워지면서 사람관계가 좋아졌고, 하는 일을 즐길 줄 아는 사람이 되었습니다. 표현력이 부족한 제가 당당하게 생각과 주장을 표현하고 전달할 수 있는 힘을 얻게 되었습니다. 저에게 도움을 주신 박사님께 정말 감사드립니다. 그리고 변화된 자신과 축배의 잔을 높이 들고 싶습니다. "윤치영 박사님을 만난 나는 운이 좋은 사람입니다! 원더풀! 뷰티풀! 파워풀!" 직장에서 시간적, 경제적 자유를 얻고 싶었던 저는 윤 박사님의 강의를 통해 '화술경영'이란 개념을 갖게 되었고 스피치로부터의 자유와 사회적 자유를 얻고 있어 진정 행복한 성공을 이뤄나가고 있습니다. 세상과 소통하려면 공감력을 높여야 합니다. 이 책을 현대인들에게 강력히 추천해 드리고 싶습니다. 왜냐하면 이 책을 읽는 분들도 책 속의 지혜와 에너지를 받아 변화된 인생을 맞이할 것이라 믿어 의심치 않기 때문입니다.

유쾌함의 또 다른 표현은 바로 편안함이다. 따라서 누군가 여러분과 함께하거나 동행할 기회가 있다면 그들이 편안한 마음을 가질 수 있도록 배려하는 일도 필요하다. 상대방은 당신이 편안한지 아닌지 금세 알아차린다. 그러면 어떻게 해야 유쾌함을 배울 수 있을까?

매사에 안달복달하든 여유 있게 상황을 바라보든 상관없이 시간은 흐르고 상황은 바뀌게 되어 있다. 그래서 흔히 '이 또한 지나가리라'라고 하지 않는가? 그렇다면 어떤 상황에서라도 유쾌함을 잃지 않는 자세가 유리할 것이다. 여러분이 유쾌해하지 않더라도 시간은 흐르기 때문이다. 긴장이 필요한 상황도 있겠지만, 그렇다고 해서 모든 상황을 지나치게 심각하게 받아들일 필요는 없다. 흐르는 시간에 몸을 맡겨라. 시간이 해결해주는 부분이 있을 것이고, 모든 것은 결국 지나갈 것이다.

행복한 성공인의 처세소통법, 공감

성공, 행복, 사랑. 이것들은 모두 사람과의 관계를 통해서 얻을 수 있고 성취할 수 있는 것들이다. 공감 능력이야말로 사랑과 행복의 방식이며 성공의 도구다. 공감할 줄 모르는 사람은 사랑도 행복도 성공도 이룰 수 없다. 공감하기 위해서는 공감대 형성이 무엇보다 중요하다. 너무 진지하거나 엄숙하고 경건한 분위기는 숨이 막힌다. 조금은 느슨하고 자유분방한 분위기가 공감하기에 안성맞춤이다.

너무 진지하거나 뻔한 얘기로는 사람을 끌어들일 수 없다. 따라서 대화를 할 땐 우선 가벼운 대화 주제를 선택하는 것이 좋다. 너무 무겁고 진지하기보다도 가벼운 얘기, 일상적인 얘기로 관심을 끌어들여라. 일상의 궁금증, 구체적인 공통점, 경제, 스포츠, 취미, 핫한 화제… 일상의 잡담으로 공통분모를 만들고 공감대를 형성할 수 있다. 누군가와 공감할 수 있는 사람이 자신의 삶을 재미있게 꾸밀 수 있다. 리액션도 공감하기에 좋은 방법이다. 말할 거리가 생각나지 않거들랑 상대의 말의 꼬리를 물고 받아쳐라. 매끄럽지 않아도 된다. 자존심을 내려놓고 솔직하게 감정을 떨쳐놓아라. 형식 없는 수다가 곧 잡담이다. 생각하는 대로 말하라. 일상생활에서의 사건 사고는 좋은 잡담거리다. 잡담이야말로 수다 떨기에 좋은 말의 방식이다. 또한 잡담에 능한 사람이 공감력 높은 사람이다.

행복한 성공인은 경제적인 자유와 시간적인 자유를 누려야 한다고 한다. 거기에 하나 더 추가되어야 한다. 행복한 성공은 했으나 사람들 앞에서 스피치가 자유롭지 못한 사람들이 의외로 많다. 행복한 성공을 누리려면 사람들 앞에서 자유로워야 한다. 그래야 인간관계가 자유로워진다. 관계가 원활해야 비즈니스나 사업도 술술 잘 풀린다. 그래야 인생을 자유롭게 누릴 수 있게 된다. 마음먹은 대로, 뜻하는 대로 이루는 진정한 자유인이 되려면 사회적 자유인이 되어야 한다. 그래서 쓴 책이 바로 이 책,『공감시대―화법이 바뀌면 인생이 바뀐다』란 책이다.

성공사례에는 크게 두 가지의 유형이 있다. 첫 번째는 성공은 했으나 그 성공을 축하받지 못하는 성공, 두 번째는 도와주었거나 지켜봐 주던 사람들로부터 뜨거운 축하와 지지를 받는 성공. 후자에 해당하는 유의미한 성공을 하기 위한 방법에는 무엇이 있을지 생각하게 되었다. 주변인들을 관찰하고 혼자 생각해본 결과 행복한 성공인들에게는 특별한 처세소통법이 있다는 사실을 깨달았다. 소통법의 기본은 바로 인사를 제대로 할 줄 안다는 것이다.

"어떻게 해서 그렇게 크게 성공하셨습니까?"라고 물으면 열심히 하다 보니 성공했다며 자신의 실력과 노력을 내세우는 사람이 있다. 그런 반면에 "여러 사람들의 도움과 운이 따라 주었기 때문에 성공했다."고 대답하는 사람도 있을 것이다.

당신은 어느 쪽이 행복한 성공인이라 생각하는가? 진정 행복한 성공인은 인사를 할 줄 아는 사람이다. 기쁠 때 같이 기뻐해주고 슬픔 때 진정 슬픔을 나눌 줄 아는 인사성 있는 사람이야말로 진정한 성공인이 될 수 있을 것이라 믿는다.

두 번째는 약속을 잘 지키는 사람이다.

"언제 한번 같이 식사하십시다!"라는 막연한 기약을 남발하는 사람은 처세를 할 줄 모르는 사람이다. 다른 사람의 약속도 지킬 줄 아는 사람은 자기와의 약속도 지킬 줄 아는 사람이다. 그래서 자기 말에 책임을 지고 실천으로 옮길 수 있는 사람이야말로 어른스런 사람이라고 할 수 있겠다.

다음은 끊임없이 성장할 줄 아는 사람이다. 그런 이야말로 성공의 가도를 달릴 수 있는 사람이다. 결국 세상은 내가 어떤 상태인가에 따라 달라진다. 내가 남들보다 얼마나 실력 있고 능력을 겸비했느냐가 중요하다. 행복한 상공인은 인사를 할 줄 알고, 약속을 지킬 줄 알며, 끊임없는 성장을 통해서 나의 가치와 호감도를 높일 줄 아는 사람이라고 생각한다. 아무튼 누구나 성공할 수는 있으나 그 성공을 지속하기란 결코 쉽지 않다. 성공을 지키고 또한 그 성공을 세상 사람들과 나누고자 한다면 일단 겸손할 줄 알아야 한다. 성공의 기준이 높으면 높을수록 더욱 더 허리를 굽히고 자신을 낮출 줄 아는 사람이야말로 그 성공을 오래 지속시킬 수 있다고 믿는다.

성공인의 공통점은 성격이 무던하다는 것이다. 성격이 까칠하거나 모가 나 있는 사람은 결코 성공의 문턱을 넘을 수 없다고 본다. 성공인의 필수 조건은 공감력이다. 공감할 줄 아는 사람이 소통할 수 있고, 소통할 수 있는 사람이 관계에서 성공할 수 있으며, 관계에서 성공할 수 있다면 큰 목표를 달성하는 데 어려움이 없게 된다.

'인인인인인ㅅㅅㅅㅅㅅ'이 무엇이냐는 한자 수수께끼가 있다. 그 답은 "사람이면 다 사람인가, 사람이 사람다워야 사람이다."라는 것이다. 그렇다면 어떤 사람이 사람다운 사람일까? 인간적인 사람이 사람다운 사람이라고 생각한다. 행복한 성공을 위해서는 인간적 매력이 있어야 한다. 때론 이성보다는 감성을 앞세우는 감성파, 눈물과 그늘이 있는 사람, 그래서 사람을 품을 줄 아는 사람, 함께 눈물을 흘릴 수 있는 인간적인 사람이어야 한다.

오래 전 TV에서 방영한 실화이다. 교도소에서 출감한 한 청년이 있었다. 그는 다시는 범죄에 빠지지 않겠다고 다짐했다. 그러던 중 친구로부터 한 여자를 소개 받았다. 여인은 진심으로 그 청년을 사랑해주었다. 청년은 지금껏 그러한 사랑을 받아본 적이 없어 쉬이 사랑에 빠졌다. 그리하여 그녀와 동거까지 하게 되었다.

청년은 여인이 원하는 것은 무엇이든 다 해주고 싶었다. 여인은 예쁜 집을 하나 갖고자 했다. 하지만 그는 변변한 직장도 없어 아내의 소원을 들어주지 못한 점이 안타까웠다. 그러던 어느 날 그는 범죄의 유혹을 이기지 못하고 한 가정에서 강도행각을 벌이게 되었다. 다시는 그런 일에 빠지지 않겠다며 다짐했건만 또다시 그런 일을 하게 된 것이었다. 법의 심판을 받는 것이 두려웠던 그는 집 주인이 신고하지 못하도록 그를 때려죽이고 말았다. 청년은 그때부터 열 명이 넘는 사람을 주먹으로 때려죽이고 돈을 훔쳐 아내에게 가져다주었다.

후에 여인은 남편이 자신이 바라던 꿈을 이루어주기 위해 그 같은 일을 벌인 것을 알고서 땅을 치며 통곡했지만 이미 돌이킬 수 없는 일이었다. 형사가 청년에게 물었다. "앞에서 한 생명이 죽어가는 것을 보고서도 고통을 느끼지 못했느냐?" 그러자 청년이 대답했다. "전혀 느끼지 못했습니다."

열정이 기적을 불러온다

알람을 7시에 맞춰 놨는데 6시에 눈이 떠졌다. 살짝 뒤척이다가 '미라클모닝'에서처럼 바로 샤워하고 바깥으로 나갔다. 새벽 공기 속을 가르며 출근했다. 이른 아침 사무실에 나와 간단히 편집해 놓은 동영상을 유튜브에 올렸다. 얼마만의 '출강여행'인가? 내포에 위치한 한 기관에서 4시간짜리 출강제의가 들어왔다. 속속들이 강의가 잡히고 있다. 다행이다. 이런 나를 일컬어 '보따리장사'라 부른다. 그래, '보따리장사'면 어떤가, '살아있음'을 느낄 수 있다면 얼마든지 보따리 메고 달려갈 수 있다. 그리고 보면 강의가 천직인가보다, 보따리장사. 내포의 강의를 마치고 나면 기다려주는 동지가 있다. 맛집을 예약해 놓고 반겨 줄 분이 있으니 발걸음이 한결 가볍다. 시외버스 예약관계부터 귀한 분과의 식사자리까지 함께하니 좋다. 쉬었다 가라고 숙소까지 잡아 놓았다. 그야말로 '출강여행'이다. 상대방의 배려가 의리의리하다. 보따리 장사에게 베푸는 의리가 감사하고 고맙다. 이 은혜를 언제 다 갚을까.

기대 바깥에서 일어난 일을 두고 흔히 기적이라 말한다. 도서 출간을 앞두고 '뿌리 깊은 나무'라는 카페에 초대되었다. 그 자리에서 기대하지도 못했던 일들이 펼쳐졌다. '뿌리 깊은 나무'란 카페의 주인격(?)인 '상수리나무' 살리기 운동에 참여하게 된 일도 그렇고, 전혀 예상치 못한 귀인들과의 조우도 그렇다.

2021년 4월 3일 토요일, 2021년 8월 8일 오후 3시의 약속들도 나를 기분 좋게 했다. 시를 써서 작품을 걸 수 있는 상황도 그렇다. 그 기적을 불러 온 장본인이 있다. 그분은 바로 『행복에너지』란 책을 출간하여 베스트셀러의 열반에 올라섰고, 행복에너지란 출판사를 운영하시는 권선복 대표님이시다. 인생을 살면서 누구를 만나느냐가 중요하다는 사실을 다시 한 번 실감했다. 당일 25분의 귀인들과의 만남이야말로 새로운 기회가 되었다. 그러한 새로운 기회는 곧 축복이 되었다. 그 중심에 계신 권선복 대표님의 열정을 열렬히 지지하고 응원한다. 열정Passion~! 그리고 이번 나의 신작이 계획보다 앞당겨져 출간될 수 있는 것도 오로지 권선복 대표님 덕분이다. 도서출판 행복에너지에게 감사를 드린다.

사람은 어떤 모습일 때 가장 아름다울까. 그건 바로 어떤 일에 빠져들어 미친 듯이 몰입되어 있을 때이다. 피아니스트가 피아노 연주에 빠져있을 때, 마라토너가 마지막 골인지점에서 최선을 다해 달리고 있을 때, 윤치영 박사가 강의에 몰입되어 있을 때이다. 독자 여러분들은 언제 스스로가 가장 멋있다고 생각하는가. 나 자신 스스로가 가장 멋있다고 판단되는 일을 할 때, 그때 그 일이 바로 천직이라 생각한다. 미친 듯이 일하시고 미친 듯이 사랑하시고 미친 듯이 놀아보자.

子曰, "知之者不如好之者, 好之者不如樂之者." 공자께서는 이렇게 말씀하셨다. "어떤 사실을 아는 사람은 그것을 좋아하는 사람만 못하고, 좋아하는 사람은 즐기는 사람만 못하다." 윤치영 화술박사가 말하길 "樂之者不如狂之者."니라… 즐기는 사람은 미친 사람만 못하다. 그래, 살짝 미쳐보자. 사랑도, 일도, 일상도 살짝 미친 듯 살아보자.

이 시대는 인간공학이 기술적 지식보다 더 중요한 시대다. 세상사 모든 일은 사람에서부터 출발하기 때문이다. 우리 모두에게 있어 성공과 행복에 이르는 공통분모는 '사람'인 것이다. 현대에서는 다른 사람을 고려하지 않고서는 어떠한 성공이나 행복도 보장받을 수 없다. 경쟁력의 원천도 따지고 보면 사람과의 관계 속에서 만들어진다.

사람과 사람과의 관계, 대인관계를 목적달성을 위한 수단으로 처리하는 것은 결코 무리다. 대인관계는 기술로만 처리될 수 있는 문제가 아니기 때문이다. 간교한 화술이나 얄팍한 권모술수를 꾀하다간 속내가 들통이 나고 말기 때문이다.

사람의 마음을 흔드는 것은 기술이 아닌 진심이다. 나 자신의 인품과 교양에서 흘러나오는 진솔된 매너와 마음이 상대방으로 하여금 감동을 불러일으킨다. 따라서 올바른 사회생활과 성공적 삶을 추구하는 사람은 자신의 잠재 능력을 끊임없이 개발하고, 시대의 변화에 적응할 수 있는 노력도 중요하지만 사람을 움직이고 다스릴 줄 아는 화법을 갖는 것 또한 중요하다.

화술에 앞서 진실된 사람, 재미있는 사람, 정곡을 찌를 수 있는 화법을 지닌 사람, 실력과 매력을 겸비한 사람, 항상 미소를 지으며 칭찬을 아끼지 않는 사람, 극단적이거나 이기적인 욕심에서 벗어나 상대방을 배려할 줄 아는 센스를 지닌 사람, 사람의 능력을 인정할 줄 아는 센스와 지혜가 필요하다.

평소 말이 너무 많다거나, 항상 논쟁을 하려 한다거나, 늘 부정적이거나 남의 단점이나 험담을 즐긴다거나, 남의 의사를 무시하거나 상대를 배려할 줄 모르는 사람이라면 자신이 다른 사람들에게 어떤 인상을 주고 있는지 상대방의 반응에 귀를 기울여야 한다.

상대의 마음을 바꾸어 보려고 논쟁을 벌이면 그가 마음을 바꿀까? 절대 그럴 리가 없다. 하지만 상대를 다그치지 않고 그의 의사를 존중하면서 상대를 배려해 준다면 그는 나의 사고방식에 접근해 오게 되어 있다. 이야기를 잘하는 사람은 공감력이 뛰어나고 그것을 잘 활용할 줄 아는 사람이다.

이 책은 산뜻하고 센스 있게 교감할 수 있는 공감력으로 사람을 움직이는 방법 등을 제시하고자 노력했다. 수영을 연습할 때 온몸에 힘을 빼고 물을 잡아 뒤로 밀어내는 요령을 불현듯 터득하게 되는 것처럼 깨우침이란 어떤 기회에 자신이 순간적으로 느껴서 무언중에 얻게 되는 것이다. 이 책이 이 시대를 살아가는 소신 있는 현대인들에게 작게나마 도움이 되었으면 하는 마음이 간절하다.

화술박사 **윤치영**

목차

제1장

마음을 열어주는 화법

제2장

행복을 위한 첫 걸음

제3장
이 시대의 경쟁력, 소통의 기술

제4장
회사에서 어떻게 소통할까

제5장

나의 스피치 스타일은 무엇일까

제1장

마음을
열어주는
화법

당신을 결정짓는 말솜씨와 됨됨이

어떤 마을에 배가 고픈 군인들이 머물게 되었다. 군인들은 허기진 나머지 집집마다 돌아다니며 구걸을 했다. 하지만 어느 집에서도 가진 것을 나누어주지 않았다. 다음날, 군인들은 마을 한복판에 큰 솥단지를 놓았다. 단지 안에 돌을 하나 넣고 국을 끓이기 시작했다. 지나가던 마을 사람들이 호기심 어린 목소리로 그들에게 다가가 물었다. "뭘 끓이는 건가요?" 군인들이 대답했다. "돌 국을 끓입니다. 맛이 기가 막히거든요. 근데 양파를 조금만 더 넣으면 훨씬 맛있을 것 같아요." 그랬더니 사람들이 양파를 가져왔다. 그러더니 또 이야기했다. "훨씬 낫네요. 이제 당근이 조금 더 있으면 완벽할 것 같은데요?" 그랬더니 사람들이 당근을 가져왔다. "이제 감자가 조금 더 있으면 좋을 것 같아요." 이렇게 해서 단지 안에 온갖 재료가 다 들어가자 아주 훌륭한 국이 만들어졌다. 군인과 마을 사람 모두 배불리 먹었다. 이것은 'The Stone Soup'라는 제목의 이야기다. 일단 뭔가 만들어 일을 시작하고, 결과가 아주 멋질 것임을 보여주면, 사람들이 재료를 조금씩 던져주기 시작한다는 것이다. 재미도 있지만 정말 의미가 있는 이야기라고 생각했다. 일의 범위가 커질수록 내가 모든 것을 다 할 수 없는 경우가 많기 때문에 다른 사람들의 도움을 얻어야 한다. 이처럼 업무를 분할해서 다른 사람들과 고루 분배할 수 있으면 여러 면에서 더 낫다.

우리는 한 번의 만남을 통해 상대방의 모든 것을 판단할 수는 없다. 하지만 어떤 감정을 느낄 수는 있다. 다음에 이 사람과 다시 만나고 싶다, 이 사람과 사귀어 보고 싶다, 이 사람과 거래를 해보고 싶다는 감정과 판단 정도는 할 수 있다. 그래서 첫인상을 관리하는 일은 아주 중요하다. 첫 만남에서 매력적이고 강한 인상을 주지 못하면 그 이상의 관계가 불가능하기 때문이다. 첫인상이 형성될 때는 부정성 효과와 초두初頭효과, 인지적 구두쇠효과가 작용한다.

그렇다면 훌륭한 말솜씨란 과연 어떤 걸 말하는 걸까. 말을 잘한다는 것은 그만큼 상대방에게 자신의 생각과 가치관을 제대로 어필할 수 있다는 의미다. 아무리 좋은 생각을 가지고 있고, 지적 수준이 높다고 하더라도 말솜씨가 따라주지 않으면 자신을 제대로 드러낼 수가 없다. 겉으로 보여지는 것은 상대방의 외모, 얼굴이지만 그다음에 이어지는 것은 바로 그 사람과의 대화다. 같은 말을 하더라도 말을 조리 있게 잘하는 사람이 있는가 하면 그렇지 못한 사람이 있다. 또한 같은 말인데도 듣기에 거북스러운 말을 하는 사람이 있는가 하면 듣기 좋은 말을 하는 사람이 있다. 그것은 바로 말솜씨의 차이 때문이다.

그렇다면 좋은 말솜씨란 무엇일까? 그것은 상대방이 듣기 좋게 말하는 것이 좋은 말솜씨라고 할 수 있다. 따라서 말 한마디를 하더라도 따뜻하고 정감 있게 하는 것이 좋다. 여러 사람이 어울리는 미팅에서 자신을 드러내기 위해 너무 튀다 보면 자칫 상스러운 단어를 사용할 수도 있으므로 주의를 해야 한다. 아울러 상대방을 비하하는 듯한 말투를 쓰거나 지나치게 자기주장을 하는 것은 바람직하지 않다. 두 사람이 만날 때보다도 여러 사람이 만났을 때에야 비로소 훌륭한 말솜씨는 드러난다. 그리고 상대의 이야기를 잘 들어 주는 일도 말솜씨 못지않게 중요하다. 사람은 유머 감각이 있고 재미가 있어야 쉽게 친해질 수 있다.

아무리 독심술에 능한 사람일지라도 단 한 번의 만남에서 상대방의 성격을 제대로 파악할 수는 없는 노릇이다. 그럼에도 불구하고 상대방의 성격 역시 첫인상을 판가름하는 중요한 요소가 된다. 미팅에서는 너무 설쳐대거나 너무 내숭을 떨어도 좋지 않다. 상대방의 행동거지를 놓치지 않고 주시하면서 면밀하게 관찰 받는 미팅에서는 사소한 행동 하나 하나가 자신의 성격을 판단하는 근거가 된다는 사실을 염두에 두어야 한다. 그런 사실을 염두에 두고 행동하는 편이 바람직하다. 따라서 분위기에 어울리게 튀는 행동을 삼가야 한다. 상대방을 배려하며 즐겁게 대화를 나눌 수 있는 활달한 면을 보여 주는 것이 무난하다. 그보다 더욱 중요한 것은 사람의 근본이다. 사람이 근본이 잘못되었다면 더 이상 논할 가치조차 없다. 도덕성과 원칙을 바탕으로 한 개방적, 합리적인 사고를 가진 사람이어야 한다. 무슨 일을 하든지 간에 소신과 철학을 바탕으로 행하는 사람이어야 한다. 그저 생각 없이 사는 사람이라면 혼이 살아 있는 사람이라 할 수 없다.

'그렇지요' 화법으로 '예'를 유도하라

텔레비전이나 라디오를 듣고 있노라면 아나운서가 대답할 때에 흔히 쓰는 말로 "…그렇지요?"라는 말이 있다는 사실을 알게 된다. 반드시 이야기 끝머리에 '요'를 붙임으로써 이야기를 듣고 있는 상대방은 "예, 그렇지요"라고 말하게 만들어 버린다.

서로에게 '예'라고 대답할 수 있는 상황이다. 그러니 이야기를 이쪽이 의도한 방향으로 유도하는 면에서 대단히 편리하다. 즉 "○○○에 관하여 알고 계십니까?"라고 물으면 상대는 알고 있더라도 부정할 우려가 있으므로 이러한 때에도 "…에 관하여 잘 알고 계시겠지요"라고 말할 것이다. 어미에 '~요'를 붙임으로써 상대는 "그럼요, 알고 있지요"라고 대답하게 된다.

그러나 이처럼 말의 어미를 '~요'라고 말하는 일은 상당히 의식적인 행위이다. 이는 훈련하지 않으면 실천하기가 쉽지 않다. 꾸준한 훈련이 없으면 어느 순간 긴장이 풀어진 나머지 '~요'가 아닌 '~까'로 대답하곤 한다. 매일 누군가와 대화하면서 '~요'라고 말하는 언어습관을 실천해보자. 분명 그 효과가 있을 것이다. 이러한 언어습관이 몸에 잘 배어들면 상대방에게 좋은 인상을 심어줄 수 있다. 또한 모든 말투에 자연스레 '~요'를 붙일 수 있게 된다.

관계의 첫인상과 마무리가 중요하다

　사람들과 접촉할 때는 어떤 사정이 있든지 간에 표정을 밝게 해서 명확한 태도를 취하는 것이 상대방에게 호감을 얻을 수 있는 방법이다. 더구나 처음 만나는 사람이라면 더더욱 그렇다. 상대방과 언제 만나도 애교 없이 떫은 표정을 짓고 있다면 교제를 능숙하게 할 수 없을 것이다.

　첫 만남 당시, 가볍고 정다운 미소를 지으면 상대방에게 개방적이며 친근감 있는 사람이라는 인상을 줄 수 있다. 첫인상이 그 사람과의 교제에서 중요한 비중을 차지하고 있음은 두말할 나위 없는 사실이다. 만남의 끝이 불분명하고 깨끗하지 않은 사람은 매너가 빵점인 사람으로 낙인찍히고 말 것이다.

　첫인상 못지않게 중요한 것이 바로 마무리다. 헤어질 때 잘 헤어져야 한다. 만일 어쩔 수 없는 상황으로 인해 이별해야 한다면 서로 간의 금전 관계를 비롯한 모든 문제를 잘 해결한 후에 헤어져야 한다. 깨끗하게 정리하고 헤어질 필요가 있다. 평판이 좋고 좋지 않음의 바로미터는 바로 대인 관계의 끝마무리에 달려 있다고 해도 과언이 아니다. 때문에 사회생활을 함에 있어서 하나하나의 만남을 나름대로 완결시키는 마음가짐이 필요한 것이다. 끝이 지저분한 사람은 결국 평판이 나빠질 테고, 그러면 결국 사회생활을 하는 데 있어서 걸림돌에 마주칠 것이다. 뿐만 아니라 기분 좋게 담소하고 상대방에게 좋은 인상을 주었는데 헤어질 때의 인사가 중도에서 끝나 버리면 나중에 어쩐지 찝찝한 기분이 남게 된다. 만남의 시작과 끝에서 직접 상대의 피부가 맞닿을 수 있도록 악수로 친근한 정을 표시하는 것이 좋다. 그러나 흔히 외형만을 쫓아 의례적인 악수를 하는 사람도 적지 않다. 상대방에게 손끝만 내밀어 나는 당신에게 별로 관심을 갖고 있지 않다는 인상을 주어서는 안 된다. 건성이라는 느낌이 들지 않도록 가벼운 인사말을 나누는 방법도 좋다. 어설픈 인사말이나 마음에 들지 않는 말을 어색하게 하는 것보다는 강한 악수를 하는 것이 상대방에게 친밀감을 주기에 좋다.

대화를 펼치기 전에 먼저 자신의 생각들을 정리해보는 것이 좋다. 우선 종이 위에 자신의 생각을 되는대로 메모해보자. 어떤 단어나 그림도 좋다. 두서없이 기록한 그것들을 바탕으로 몇 가지의 단어를 추려내고 또 줄거리를 만들어보자. 대화를 하기 전 그런 식으로 자유롭게 사고하는 행위를 바로 생각잡기라고 한다. 이 단계를 거치면 보다 원활하게 스피치를 할 수 있다.

　할 말이 그리도 많았는데 막상 상대방 앞에 서면 하나도 생각이 나질 않는 경우가 많다. 생각을 따라잡으려면 우선 낱말로 적는 수밖에 없다. 여러분이 만일 '바다'를 주제로 한 스피치를 한다고 가정해 보자. '바다'라고 하면 너무나도 막연하게 여겨질 것이다. 무슨 말부터 해야 할지 모를 것이다. 그럼 먼저 나 자신과 바다를 연관지어 생각해 보자. 내가 가 보았던 바다와 해수욕장, 배를 타고 떠났던 섬 여행과 그곳에서 먹었던 생선 회 등등 생각나는 것들이 제법 많을 것이다. 바다, 조개, 파도, 갈매기, 파라솔, 수영복, 돛단배, 파도타기, 생선회, 모래 등 냇가의 징검다리처럼 그 간격이 좁아야 건너기가 좋다. 하지만 스피치를 위한 생각잡기의 징검다리는 그 폭이 넓어야 좋다. 좋은 스피치를 위해서 생각잡기를 할 때는 낱말들의 간격을 넓게 유지하는 것이 좋다. 고구마 줄기 하나를 걷어 올리면 주렁주렁 달려오듯이 단어연상도 마찬가지다. 어떤 한 가지 꿰를 타고 비슷한 성격의 단어들이 가지를 치며 생각날 것이다. 말하고자 하는 내용이나 줄거리를 이렇게 연상적으로 구성하면 메모하거나 암기하여 말할 수 있다. 또, 암기법 중에는 이야기를 영상화映像化하여 기억하는 방법이 있는데 이는 영상 기억법이다. 여러분이 어렸을 때 감동적으로 본 영화를 잊지 않고 잘 기억하고 있는 이유는 그 줄거리를 영상화하여 기억하고 있기 때문이다. 예를 들면 아스팔트길 → 횡단보도 → 보도블록 → 화단 → 계단 → 유리 → 바닥 → 흙 → 얼굴 → 문 → 카페트 → 책 → 선생님 → 이야기 → 흥미. 위의 15개의 단어를 암기해서 순서대로 말해 보라. 위의 단어들을 스토리화하거나 영상화시키면 쉽게 기억할 수 있다. 따라서 조리 있고 논리적인 화술로 사람을 이해·설득·감화시키기 위해서는 다음과 같은 점을 고려하면 좋다. 자기 경험에서 소재를 구하는 것도 좋은 방법이다.

당신의 삶에서 중요했던 순간이나 재미있었던 사건들을 모아 보아라. 그 이야기에서 당신이 말하고자 하는 점이 뚜렷이 밝혀져야 한다. 또 그 내용도 사람들이 흔히 겪어 보지 못하는 것이어야 한다. '그래서 어쨌다는 거야?' 하는 반응이 나올 만한 소재는 당장 버리거나 고쳐야 한다.

우리는 날마다 갖가지 일들을 경험하게 된다. 그 상황이 어떠했는지, 어떻게 대응했는지, 그리고 그 결과는 어떠했는지 등의 기록을 자세히 메모해 두었다가 적절히 이용한다. 체험이나 독서 등을 통해 보거나 들은 소재들을 한 장의 종이에 자세히 묘사하여 다양한 파일을 만들어라.

🔳
새로운 관점으로 각인시켜라

"여기 500원짜리 주화가 있습니다. 어떻게 보입니까?"라고 물으면 십중팔구는 이렇게 대답한다. "원입니다." 그 말에 필자는 "다르게 보이시는 분은요?" 하고 재차 묻는다. 사람들의 대답은 크게 다르지 않다. "동그랗게 보입니다." "원이나 동그라미나 같은 것 아닙니까?"라며 응수한다. 객석에서는 잔잔한 웃음이 인다. 동전을 들고 나는 그제야 본격적인 강연을 시작한다. "자, 여러분 동전을 세워서 보면 어떻게 보입니까? 직선으로 보이지요. 그럼 측면에서 비스듬히 보면요. 타원으로 보이지 않습니까?" 그렇다. 어느 쪽에서 혹은 어떻게 보느냐에 따라 동전이 달리 보이듯 어떤 주제에 대해서 접근하는 방법에 따라 달리 해석하고 달리 말할 수 있지 않을까? 색다른 관점에서 말할 수 있을 때 사람들의 관심과 마음을 사로잡을 수 있는 것이다. "정면에서 바라보고 말하는 것은 누구나 할 수 있는 말, 의례적인 말, 고지식한 말, 그래서 고루한 말, 별로 마음이 끌리지 않는 말이 되는 것이지요."
라고 말한다. 그러자 청중은 나의 말에 고개를 끄덕이며 응수한다.

　"자, 예를 들어 볼까요. 사랑에 대한 정의定義를 내려 봅시다. ○○
님, 사랑이란 뭐라고 생각하시나요? '사랑'에 관해 어떻게 정의定義를
내릴 수 있을까요?" 이렇게 물으면 청중은 대답한다. "사랑은 주는 것
입니다.", "사랑은 존경하는 것입니다.", "사랑은 숭고한 것입니다."라
는 식의 대답을 할 뿐이다. 내가 다시 말한다. "그렇군요. 그런데 그런
정의定義는 누구나 할 수 있는 말입니다. 그런 관점이 고정적 관점이
라 할 수 있으며, 그런 식으로 말을 하는 것은 의례적인 말이 될 수 있
다는 것입니다. 이렇게 정의定義를 내려 보면 어떨까요. 사랑은 칠판
이다. 왜냐하면 하얀 칠판에 마음껏 그림을 그리거나 새로운 내용을
담을 수 있으니까. 사랑은 무한한 가능성이 숨겨져 있다는 것을 의미
한다. 그러나 칠판에는 썼다가 지울 수 있으니 조심해야 할 것이다.
슬픈 사랑이 될 수도 있으니 말이다." 이렇게 말하자 한 청중이 또 다
른 답을 내놓는다. "강사님, 그렇다면 이렇게 정의해 보겠습니다. 사
랑은 화초다." "사랑은 화초다, 좋네요. 그러면 이제 왜 그렇다고 생각
하는지 말씀해 보세요." 이렇게 말하면 청중들로부터 창의적인 해석
이 술술 나온다. 이제는 고정관념의 틀을 깬 것이다. 나의 물음에 청
중이 대답한다. "네, 사랑은 화초처럼 늘 관심을 가지고 물을 주며 가
꾸어야 하기 때문입니다. 그러나 언젠가는 시들어 버리니 영원한 사
랑이란 있을 수 없습니다." 이처럼 창의력을 발휘하면 사물에 대한 정
의도 이처럼 다채로워진다.

사랑에 대한 주제로 글을 쓰거나 말을 하라고 하면 어디서부터 말을 시작해야 하는지 또 무엇에 대해 말해야 하는지 막막해하는 사람들이 많이 있을 것이다. 그러나 창의력이란 프리즘으로 세상(주제)에 대한 관점을 달리한다면 무한한 화제로 마음대로 말을 구사할 수 있게 된다. 창의적으로 말하려면 어린아이의 시선으로 세상을 바라보는 훈련이 필요하다.

아날로그 시대에는 다른 사람들과의 차이가 바로 '왕따'의 이유였다. 동양적인 미덕이 생활화된 나라니 아무래도 그럴 수밖에 없었다. 무리 속에서 튀는 것, 남과 다른 점이 바로 집단에서 따돌림 당하는 원인이 되었다. 그러나 디지털 시대에는 남과 다른 무엇인가를 가진 사람이 오히려 대접받는다. 이제 차이가 가치를 생산해내는 시대가 온 것이다. 똑같은 일을 하더라도 남다른 생각을 보여줘야 한다. 창의력을 가진 사람이 앞서간다. 말도 마찬가지다. 누구나 할 수 있는 말이나 의례적인 말로는 사람의 마음을 사로잡을 수 없다. 나만의 것, 나만의 향기, 나만의 색깔, 나만의 스타일이 있을 때 사람의 관심을 사고 주의를 끌 수 있는 것이다.

言
언어를 시각화하라

말하고자 하는 내용 속에 시각적 요소가 많으면 많을수록 상대방에게 강렬한 인상을 전달할 수 있다. 사람은 누군가와 소통할 때 동작의 보조를 받는다. 내용전달을 충실하게 수행하기 위해서는 언어를 동작과 조화시켜야 한다. 조화를 얼마나 잘 이루느냐에 따라 내용전달에 충실해질 수가 있다.

다시 말하면 언어의 시각화가 잘 이루어지면 상대방이 이해하기에 수월하다는 것이다. 그러나 언어를 시각화할 땐 언어와 어울리는 동작을 구사해야 한다. 그저 몸짓만 크게 한다고 해서 이루어지는 것은 아니다. 말을 듣고도 동작적인 영상이 머릿속에서 그려질 수 있는 시각적인 언어를 찾아 사용하라는 말이다. 이 시각적 언어에 대한 이야기로는 데일 카네기의 유명한 에피소드가 있다. 한때 카네기가 세일즈맨으로 취직하여 지방을 전전하는데 마침 다고타주의 래드 힐이라는 기차역에서 기차를 기다리게 되었다. 기차를 기다리다가 무료해진 그는 역 구내를 빙글빙글 돌면서 셰익스피어의 '햄릿' 중에 한 대목을 읊조리기 시작했다. 몸짓을 섞어 가며 읊조리기 시작한 것이다. '아, 저기 단검이, 저기 보이는 것은 칼, 자루가 이쪽을 향해서, 자, 빼앗아 줘자. 쥐어지지 않는구나….' 이렇게 중얼거리고 있었다. 우연히 그 모습을 목격한 순경이 갑자기 그에게 달려왔다. 그러더니 순경은 그에게 의심하는 눈초리를 보내며 이렇게 꾸짖었다. "아니, 어째서 당신은 여성을 협박하는 거요?" 영문을 몰라 어리둥절했던 카네기가 경찰에게 되물었다. "전 누구도 협박하지 않았습니다. 무슨 말씀이신가요?" 그러자 경찰이 말했다. 창문 너머로 우연히 카네기의 모습을 지켜보던 여자 하나가 카네기의 제스처를 보고 질겁한 나머지 그를 경찰에 신고했던 것이다. 이 에피소드를 통해서 우리는 소통을 함에 있어서 언어 못지않게 큰 영향을 미치는 것이 바로 비언어적인 요소라는 사실을 알 수 있다. 에드워드 협바드는 "연설에 있어 사람의 마음을 끄는 것은 말이 아니라 태도이다."라고 말했다. 말에 시각적 요소를 가미시키는 노력이 필요하다는 사실을 강조한 것이다.

백화점의 CD코너에서 손님에게 어떤 CD를 소개하는 상황이 있다고 가정해보자. 그럴 때 어떤 식으로 소개를 하겠는가. "이걸 보시죠. 교향곡 전집으로 새로 나온 CD예요."라고 말한다면 그저 평범한 소개에 그치고 말 것이다. 그러나 이 소개의 말에 시각적인 요소를 삽입시킨다면 다음과 같이 바꿀 수 있을 것이다. "이 교향곡 CD전집은 계절에 관계없이 사시사철 언제나 들을 수 있는 장점이 있죠." 이렇게 말한다면 손님의 머릿속에 계절의 다양한 모습이 그려지게 된다. 그럴 경우 청각에 호소해야 하는 음악이 시각적인 자극도 하게 된다. 눈과 뇌를 연결하는 신경이 귀와 뇌를 연결하는 신경보다 훨씬 굵다. '백 번 듣는 것보다 한 번 보는 것이 더 낫다.'라는 속담은 시각적 요소의 장점을 대변한다.

존 H.패터슨(주:내셔널 캐슈 레지스터사 사장)은 그의 회사 판매원들에게 이렇게 말했다. "생각하고 있는 것을 이해시키기 위하여, 혹은 주위를 끌기 위하여 말에만 의지할 수는 없다. 그저 말에만 의지할 것이 아닌 어떤 시각적인 이미지를 보여줄 필요가 있다. 필요한 때는 항상 그림을 보여주지 않으면 안 된다." 이는 시각적 언어의 중요성이 드러나는 대목이라고 할 수 있다.

상대의 표정과 몸짓을 읽어라

심리학자인 메라비안 교수는 이렇게 말했다. "침묵의 메시지는 입으로 말한 이야기를 부정하기도 하고 한층 더 강조하는 작용도 한다." 얼굴의 표정과 몸짓, 눈의 움직임, 목소리 등으로 나타나는 침묵의 메시지와 말이 일치하지 않을 때 다른 사람들은 거의 말보다 침묵의 메시지를 믿는다고 한다. 자신의 감정을 가장 잘 표현하는 순서로는 얼굴이 55퍼센트, 목소리가 38퍼센트, 말이 7퍼센트라고 한다. 이처럼 몸의 언어Body Language는 소통에 강한 영향을 미친다. 누군가를 설득할 때 이 사실을 적용하면 좋다. 다른 사람을 설득할 경우에 자기가 전달하고자 하는 내용과 일치된 몸짓을 구사해보라. 그러면 효과를 보다 높일 수 있을 것이다.

신체부위 중에 가장 솔직한 부위는 바로 '눈'이다. 사람의 심리는 곧 눈을 통해 드러난다. 그렇기 때문에 만약 자신이 상대방의 얼굴을 정면으로 바라보지 못하는 상황이라면 크게 두 가지의 경우에 해당할 확률이 높다. 첫째는, 자신이 죄를 지었다든지 뭔가 켕기는 일이 있을 때다. 두 번째는 자신이 없다든지 상대에게 심리적으로 압도당했을 때다. 사람의 신체 부위 중에서 행복과 불행, 기쁨과 슬픔, 희망과 절망의 감정 표현이 가장 잘 드러나는 곳이 바로 눈이다. 이야기할 때 상대방의 시선을 피하거나 다른 곳을 보면서 이야기하거나 고개를 숙이면서 이야기하는 것은 자신감이 없다는 표시다. 이것은 자신이 열등하고 나약하다는 생각에서 비롯된 무의식적인 표현이다.

닭이나 개가 싸움을 할 땐 맨 먼저 두 눈을 부릅뜨고 상대방을 노려본다. 이때 자신이 없는 쪽이 먼저 고개를 숙이고 눈동자를 피한다. 이것은 상대방에게 졌다는 항복의 신호다. 그 후부터는 항상 상대방에게 눌려서 살게 된다. 사람을 정면으로 바로 쳐다볼 수 있는 눈이 없는데 어떻게 상대를 제압할 수 있으며, 어떻게 상대를 이길 수 있겠는가? 소심한 사람일수록 상대방과 서로 이야기할 때 시선 처리를 어떻게 해야 할지, 또 손을 어디에 두고 이야기해야 할지 퍽 어색해 한다. 몸가짐과 시선의 처리가 어색한 것이다. 눈은 입보다 더 많은 말을 하는 부위다. 시각은 청각의 12배에 달하는 힘이 있다고 한다. 말없이 서로의 얼굴만 바라보아도 서로의 마음을 알 수가 있다고 하지 않는가?

눈을 통해서 상대의 마음을 읽을 수가 있고 눈을 통해서 상대를 이해할 수가 있다. 눈의 표정이 풍부하면 웃음과 유머는 자연히 나온다. 아무리 얼굴에 화장을 곱게 했다고 해도 눈빛에 영혼이 담겨 있지 않으면 소용이 없다. 시선은 대체로 목 위로 두는 편이 좋다. 시선을 전체적으로 고루 분산시키며 봐야 한다. 아무리 좋은 이야기라고 하더라도 대화를 할 때 눈을 사용하지 않으면 상대방의 마음을 움직이지 못한다.

대화를 할 때는 시선을 아래로 두기만 해선 안 된다. 정면을 봐야 한다. 그렇다고 상대방의 얼굴을 뚫어져라 바라보는 건 어색하다. 그러니 시선은 상대방의 코나 넥타이의 매듭 근처에 두어야 한다. 상대의 표정과 몸짓을 읽어라. 화난 사람은 절대로 자신이 화났다고 말하지 않는다. 다만 상대방이 화났다는 사실은 상대의 말투와 표정 등 바디랭귀지를 통해 알 수 있을 뿐이다.

目

몸짓 언어, 상대방의 진짜 속마음

자신의 마음은 몸짓을 통해 무의식적으로 드러난다. 다음은 일상에서 드러나는 몸짓에 숨어있는 심리를 기술한 내용이다.

대화할 때 상대를 보지 않는다

뭔가 숨기려는 마음이 있는 경우이다. 상대에게 시선을 던지는 시간이 30퍼센트 이하이면 그 사람은 무언가 감추고 있다.

대화할 때 시선을 이리저리 불안정하게 돌린다

심리적으로 불안정하고 불성실한 성격의 소유자이다. 범죄를 저지른 사람은 자백을 하기 전에 눈동자를 이리저리 돌리면서 가능한 한 시선이 마주치는 것을 피한다고 한다. 이것은 심리적으로 안정되지 않고 떳떳하지 못하기 때문이다.

상대를 곁눈질로 쳐다본다

이야기의 내용에 불만이나 의문을 품고 있다는 증거이다. 시선의 움직임뿐만 아니라 시선의 방향도 그 사람의 심리 상태를 나타낸다. 남이 부당한 소리를 할 때 대다수의 사람들은 곁눈질을 한다. 이는 차마 정면으로 맞설 수는 없지만 실은 못마땅하다든가 석연치 않다는 마음을 품고 있을 때 드러나는 행동이다.

상대를 관찰하면서 발을 먼저 보고 그 다음에 얼굴을 본다

상대를 불신하거나 경멸하고 있다는 증거이다. 사람을 볼 때 얼굴을 먼저 보는 것이 정상적이다. 그러나 형사나 불량배 같은 사람들은 상대를 아래서 위로 훑어본다. 그건 상대를 불신하고 있기 때문이다.

눈을 크게 뜨고 상대를 바라본다

상대에 대해서 강한 흥미를 느낀다는 뜻이다. 보통 우리는 놀라거나 강한 흥미를 가졌을 때 눈을 크게 뜨는데, 이것은 자율 신경이 눈동자의 개폐에 관여하기 때문이다. 어떤 연구에 의하면 일반적으로 남자가 여자의 누드 사진을 볼 때는 눈동자가 2배로 커진다고 한다.

눈이나 코, 턱 등의 얼굴의 일부분을 만진다

자신의 허약함을 감추려는 의사 표시다. 가축이 병들었을 때는 자기의 몸을 핥는 버릇이 있듯이 인간도 나약해졌을 때는 자신의 얼굴을 만지는 버릇이 있다.

가벼운 미소를 짓는다

완곡한 거부나 난처함의 표시이다. 귀찮은 상대나 보기 싫은 손님을 내쫓는 데는 맞장구를 치지 않고 그저 가벼운 미소만 짓는 것이 상책이다. 이러한 미소는 상대를 혹독하게 거절하지 않으면서 스스로 물러나게 하는 효과를 지닌다.

얼굴에 잠시 웃음을 지었다가 곧 웃음을 거둔다

이런 사람은 지금 속으로 계산을 하고 있으므로 조심해야 한다. 비즈니스로 만난 사람이 만면에 웃음을 짓다가 갑자기 싸늘한 표정을 보이면 만만치 않은 상대임을 간파해야 한다. 왜냐하면, 보통 사람이라면 웃고 나서도 그 여운이 잠시 동안은 표정에 남아 있기 때문이다.

머리를 긁적인다

불만이나 난처함, 또는 수줍음이나 자기혐오 등의 솔직한 표현이다. 우리나라 사람들은 실수를 했을 때 머리를 긁적이며 계면쩍게 웃는다. 당황하거나 수줍음을 타거나 자기의 실수를 인정할 때 이런 행동이 자연스럽게 나오는 것이다.

자기의 머리를 툭툭 친다

당황하거나 난처한 입장에 처해 있다는 뜻이다. 이런 동작은 티비 프로그램인 '형사 콜롬보'에서 주인공인 콜롬보 형사가 자주 보여 주었다. 일반적으로 이런 몸짓은 당황하거나 난처한 입장에 처해 있을 때 드러난다. 세 손가락을 이마에 밀착시키는 행동은 정신적인 균형을 되찾고자 할 때 드러나는 행동이다.

머리를 짧게 자른다

활동적이고 공격적인 성격의 소유자이다. 개나 고양이도 화가 나면 털을 곤두세워서 공격의 자세를 취한다. 마찬가지로 사람도 머리를 짧게 자름으로써 머리카락을 곤두세워 전투적인 성격을 드러낸다.

긴 머리를 짧게 깎거나 아예 삭발을 한다

새로운 전환에 대한 결의를 나타낸다. 중요한 운동 경기에서 선수들이 머리를 깎고 출전하는 것도 승리에 대한 결의의 표시이다. 실연한 여자가 머리를 자르는 것도 세상에 대한 새로운 결의의 표명인 동시에 자기 자신에 대한 다짐을 나타낸다. 또 불가에서 출가와 동시에 머리를 깎는 것은 속세를 버린다는 뜻이다.

워드픽처(wordpicture)를 사용하여 시각적으로 표현하라

의사소통은 대부분 말이나 글을 통해 이루어진다. 이때 시각자료나 워드픽처wordpicteure를 함께 제공해 보자. 상대방은 내용을 더욱 쉽고 명확하게 이해하고, 또한 오래 기억할 수 있을 것이다. 대부분의 사람들이 숫자로 도배한 보고서를 읽는 것보다는 그래프나 차트를 이용한 설명을 듣는 것을 더 좋아한다. 조금만 시간을 들여서 자료를 도표로 처리하면 상대방에게 전달하고자 하는 메모나 보고서를 훨씬 더 효과적으로 만들 수 있다. 꼭 정확한 수치를 원하는 사람에게 제출하는 보고서라면 보충 자료를 더 첨가할 수도 있다.

만약 그림이나 사진 또는 다른 시각적인 자료를 사용한다면 메모만으로도 시각적, 청각적인 효과까지 전달할 수 있다. 다양한 종류의 그래프나 차트 형식으로 손쉽게 전환하는 컴퓨터 프로그램은 수도 없이 많다. 그래프나 차트에 색깔까지 가미한다면 훨씬 더 효과적일 것이다. 도표로 설명할 수 없는 종류의 메모라면, 워드 픽처를 활용해 보라. 시각자료 및 워드 픽처를 적절하게 사용하면 말이나 글로 의사 소통을 할 때 훨씬 더 명확하고 극적인 효과를 연출할 수 있다.

논의되고 있는 주제를 차트나 그래프, 도형 또는 그림을 통해 설명 하면 어떤 주제를 발표하든지 간에 훨씬 더 효과적으로 전달할 수 있 다. 사람들은 시각적인 이미지가 그려지는 내용을 단순히 들을 때보 다 빨리 이해하고 오래 기억하는 경향이 있다.

目

상대의 반응(의향)을 살피면서 말을 하라

화술은 그 사람의 마음을 말해준다. 사업 관계를 맺을 때 화술만큼 신경 써야 할 부분도 없다. 화술에 능한 사람은 상대방의 의향을 잘 살피고 신중한 말을 고른다. 대화를 자연스럽게 이끌어 나가기 위해서는 상대방의 마음에 들도록 해야 한다. 상대방의 말을 시정하는 것은 금물이다. 또 도리에 어긋나는 말을 하면 그 후에 무슨 말을 해도 의심을 받는다. 웅변을 늘어놓기보다는 해야 할 말만 정확히 구사하는 것이 좋다. 오늘날 성공한 이들의 성공담을 들어보면 그들은 하나같이 상대방의 마음을 잘 헤아리는 섬세함을 가진 이들이란 사실을 알 수 있다.

그들은 아주 작은 일이라도 부하의 심중을 헤아려 적절한 배려를 아끼지 않았다. 그렇기 때문에 추종자가 날로 늘어났을 것이다. 이처럼 상대방의 호감을 얻기 위해서는 우선적으로 상대방의 심리를 파악하는 것이 이루어져야 한다. 상대방의 심리를 파악하기 위해선 먼저 경청의 자세를 갖고 상대방의 말에 귀 기울여야 한다.

상대방이 즐거운 얘기를 하고 있을 때에는 즐거운 표정을 하고 귀를 기울여야 한다. 상대방 눈동자의 움직임, 입술의 움직임, 이야기하는 태도 등은 상대방의 의도를 전체적으로 드러내 주는 귀중한 자료이다. 상대방에게 진심으로 관심을 기울여야 그의 반응을 알아채고, 그에 걸맞은 화법을 구사함으로써 원활한 소통을 이어나갈 수 있다.

마음을 열지 않으면 상대방의 본심을 알 길이 없다. 그러니 마음을 열어야 한다. 마음을 연다는 것은 거짓말을 하거나 숨기려 하지 않는다는 것이다. 있는 그대로를 보여줘야 한다. 모르는 것은 모른다고 말해야 한다. 모르는 게 있다면 스스로 조사해 보거나 남에게 물어봐야 한다. 그러한 태도가 바로 거짓말을 하지 않는 첫걸음인 것이다. 록펠러는, "누군가 자기 의견에 반대했을 때에는 우선 감정적인 반대인지, 이성적인 반대인지를 간파하는 것이 중요하다."고 말했다. 상대방의 심리, 반대 원인 등을 간파하지 못하면 설득은 영원히 해결을 얻을 수 없다는 것이다. 감정적으로 반감을 가지고 있는 상대에게 논리적인 설득을 되풀이하는 일은 시간 낭비에 지나지 않다. 감정적인 설득이 뒤따라야 상대방의 마음을 열 수 있다. 정말로 실력이 있는 사람은 무언가에 쉽게 연연하지 않는다. 게다가 겸허할 정도로 조심스럽다. 상대방의 신분, 직위, 직업, 생활환경 같은 것으로 사람을 차별하는 행동은 절대로 하지 않는다.

주변 사람들의 말에 귀 기울여 보아라. 귀로 듣고 마음으로도 들어라. 가슴을 열고 귀를 기울여라. 다른 사람들이 뱉어 내는 말 자체가 아니라 말 뒤편에 숨어 있는 진실을 듣도록 노력하라. 상대방의 머리에서 나오는 문장들을 듣는 동시에 그의 내면적 목소리를 듣고 있다고 상상하라. 당신이 마음을 열면 열 수록 말하기가 그리 어렵지 않다는 사실을 깨달을 것이다.

키 메시지(Key Message)로 말하라

업무지시, 연설 등 사장이 한 말을 직원들은 과연 얼마나 기억할까? 전부를 기억하는 사람은 아마 단 한 명도 없을 것이다. 심지어 사장이 말하려고 한 바가 무엇인지 아예 알지 못하는 사람도 있다. 그럼 어떻게 해야 할까? 여러 번 말한다? 더 크게 말한다? 더 강하게 말한다? 아니다. 아주 확실한 방법이 있다. 바로 '키 메시지'를 활용하는 것이다. 호랑이는 죽어서 가죽을 남기고 사람은 죽어서 이름을 남긴다고 한다. 하지만 이름만을 남기는 것은 아니다. 한 시대를 풍미했던 유명한 사람들은 이름과 함께 명언도 남긴다. 링컨의 명연설 중에서 '국민의, 국민에 의한, 국민을 위한 정부government of the people, by the people, for the people'라는 명언이 있다. 이처럼 멋진 메시지 한 줄은 스피치를 빛나게 해줄 뿐만 아니라 사람들의 가슴에 오래 남는다. 말에는 이처럼 키 메시지Key Message가 있어야 한다.

말하고자 하는 핵심, 가장 중심이 되는 아이디어의 뼈대가 바로 키 메시지다. 키 메시지가 없는 말은 물에 물 탄 듯, 술에 술 탄 듯이 희미하다. 무슨 말을 하고 있는지 좀체 종잡을 수 없게 말하는 사람이 있다. 그 이유는 바로 키 메시지Key Message가 없어서 그렇다. 설령 키 메시지Key Message가 있다고 하더라도 그것을 중심으로 말하는 요령이 없어서 그런 것이다. 질문할 때는 질문의 요지가 키 메시지Key Message 다. 질문하는 시간에 질문인지, 진술인지 구별할 수 없는 이야기를 늘어놓는 경우가 있다. 이런 경우에는 말이 끝나면 꼭 질문이 되돌아온다. "말씀하신 질문의 요지가 무엇인가요?" 키 메시지Key Message가 확실하지 않은 내용은 듣는 사람에게 혼란을 준다.

반면에 말을 두괄식으로 하면 핵심이 더 살아난다. 궁극적으로 말하고자 하는 바를 먼저 제시하고, 그 뒤에 내용을 전개하라. 이렇게 말하면 듣는 상대방이 보다 빠르게 이해한다. 듣는 사람이 옆길로 새거나 혼란에 빠질 염려가 없다. 우선 주장하는 바를 말하라. 말을 할 때는 중요한 부분이 있고 덜 중요한 부분이 있다. 핵심과 지엽을 구분해서 체계적으로 이야기하는 것이 중요하다. 이렇게 말해야 듣는 사람에게 자신이 말하고자 하는 바를 확실하게 전달할 수 있다.

우선 주장하는 바의 키 메시지Key Message를 말한 다음 이에 걸맞은 증거와 사례를 들어야 한다. 어느 날 밤, 아내가 물건을 사러 가기 위해 마트에 갔다. 하지만 마트는 이미 영업을 종료한 후였다. 아내는 할 수 없이 집으로 되돌아왔다. 남편이 아내에게 물었다. "왜 못 사왔어?" 아내가 대답했다. "응 내가 할인점에 가는데 대학 때 친구를 만났거든. 그런데 그 친구 남편이 나를 알아보는거야. 그래서…" 이렇게 길게 말하며 지엽적인 사항을 구구절절 늘어놓으면 듣는 사람의 인내심을 시험하는 꼴이 된다. 한두 번이면 몰라도 매번 이런 식으로 답하면 듣는 사람도 짜증이 난다. "그래서 어떻게 됐다는 거야?" 하는 반응이 나오고 말 것이다.

目
모든 메시지에는 핵심과 지엽이 있다

모든 말에는 핵심적인 내용과 지엽적인 내용이 있다. 이 두 부분을 먼저 구분한 후에 핵심적인 부분을 강조해 말해야 한다. 그 다음으로 지엽적인 사례를 제시해야 한다. '키 메시지'는 이처럼 하고자 하는 말을 단 하나의 단어나 문장으로 압축하여 나타낸 것이다. 청중이 강연자의 긴 연설 내용을 모두 다 기억하기는 어렵다. 그러니 강연자는 강연을 할 때 잘 만들어진 키 메시지를 활용하는 것이 좋다. 키 메시지를 활용하면 청중의 머릿속에 전달하고자 하는 내용을 효과적으로 남길 수 있다. 또한 키 메시지는 스피치를 안정적으로 이끌어가는 중심축이 된다. 핵심 내용을 미리 정해두었기 때문에 중요한 메시지를 빠뜨리지 않게 되고 따라서 연설이 삼천포로 빠지는 일도 줄어든다. 그렇다면 키 메시지는 어떻게 만들고 사용해야 할까? 그저 하고 싶은 이야기를 모아 한 줄에 담으면 되는 걸까? 효과적인 키 메시지를 만들려면 3가지 포인트를 기억해야 한다.

첫째, 키 메시지는 단순하고 강렬해야 한다

생텍쥐페리는 '완벽함이란 더 더할 것이 없을 때가 아니라 더 이상 뺄 것이 없을 때 완성된다'고 말했다. 스피치도 마찬가지다. 말이 너무 많으면 전하고자 하는 핵심이 흐려진다. 아무리 중요한 내용이라도 핵심 논지를 흐릴 위험이 있다면 과감히 빼는 것이 좋다.

둘째, 키 메시지는 듣는 이의 감성을 자극해야 한다

감성을 자극한다는 것이 꼭 감동적인 것만을 말하는 것은 아니다. 듣는 사람으로 하여금 연설이 자신과 관련이 있는 것처럼 느끼게 만들어야 한다는 것이다. 오바마의 연설 중에 '106세 흑인 할머니의 인생 스토리를 인용해 청중을 감동시킨 것'이 바로 그 예다.

셋째, 키 메시지는 반복되어야 한다

키 메시지는 장황한 자료를 늘어놓으며 설명하는 것보다 훨씬 효과적으로 대중에게 호소하는 방법이다. 스티브 잡스는 스탠퍼드대학교에서 'Stay hungry, stay foolish'라는 말을 3번 반복하며 연설을 마무리했다. 사람들은 그 연설을 'Stay hungry, stay foolish'로 기억한다.

유명하거나 훌륭한 스피치들의 공통점은 그것들 모두 청중들에게 한마디로 기억된다는 점이다. 굳이 연설을 할 때뿐만 아니라 일상적인 업무지시를 할 때도 마찬가지다. 키 메시지를 잘 활용하면 무척 도움이 될 것이다. 어떤 상황에서든지 말을 하기 전에 말하려는 핵심을 추려내고 단순하면서도 감성적인 키 메시지를 만들어보라. 그리고 그것을 반복해 보라.

I message 와 You message

I메시지는 나를 주어로 하여 내 마음을 표현하는 화법이다. You메시지는 상대를 주어로 하는 화법이다. You메시지는 주로 상대방의 행동을 지적하는 표현이다. I메시지는 부탁, 동의, 호소의 느낌이 들게 하고, You메시지는 거부, 무시, 경멸의 느낌이 들게 한다. I메시지에는 사랑의 감정이 담겨 있고, You메시지는 율법적인 성격을 띤다. 이런 상황의 예를 들어보자. 남편이 아무 연락 없이 늦게 돌아왔을 때가 있다:

"여보, 당신이 연락도 없이 안 들어와서 얼마나 걱정했다고요." 아내가 이렇게 말하면 I메시지다. 반대로 "왜 이제 와, 아예 들어오지 말지 그래, 아주 나가서 살아." 이렇게 말하면 You메시지다. 남편이 일찍 들어오기를 바라는 것이 아내의 평소 생각이라면 I메시지가 효과적인지 You메시지가 효과적인지는 자명한 것이 아닌가?

또 이렇게도 생각해보자. 아내가 You메시지로 질책했을 때, 남편의 반응 역시 크게 두 가지로 나뉠 것이다. I메시지에 근거한 반응이라면, "정말 미안해, 이제 당신 걱정시키지 않도록 일찍 들어올게. 그리고 시간이 부득이하게 늦어지면 반드시 전화할게."라고 말할 것이다. You메시지에 근거한 반응이라면 "사람이 일하다 보면 늦을 수도 있고, 연락 못 할 수도 있지. 그걸 가지고 웬 잔소리가 그리 많아." 이렇게 답할 것이다. 만약 당신이 이와 같은 상황에 당면한 남편이라면 둘 중에 어떤 화법을 택하겠는가?

나는 옷이나 양말 같은 것을 벗어서 아무데나 던져두는 버릇이 있다. 방 안에 이렇게 아무렇게나 벗어둔 옷가지를 보며 아내는 내게 You메시지로 말한다. "이 나이 되도록 양말 하나 제대로 벗어놓지 못해요? 한 짝은 이 방에, 한 짝은 저 방에 벗어 놓으면 어쩌란 말예요. 이제부터 당신 양말은 당신이 빨아 신어요." 이렇게 말하면 아내에게 미안했던 마음이 싹 가신다. 그러나 I메시지로 말하면 얘기가 달라진다. "여보, 양말을 벗으면 두 짝을 꼭 화장실 귀퉁이나 세탁기에 넣어주면 고맙겠어요. 그것이 나를 도와주는 거예요. 부탁해요." 이렇게 You메시지로 말하면 아내에게 미안해진다. 나의 게으른 습관을 고치려는 마음도 생긴다.

부부 갈등이라는 것이 아주 작은 일에서 시작된다는 것은 누구나 알고 있다. 그렇다면 효과적인 부부 대화를 위해 I메시지 방법을 쓰도록 노력하는 지혜가 필요하지 않을까?

변명은 어떠한 경우에도
도움이 되지 않는다

인간이라면 누구나 잘못을 범하기 마련이다. 그릇된 생각이나 잘못된 행위, 실수는 누구나 할 수 있다. 잘못을 저질렀을 때 그 자리에서 깨끗하게 자기의 잘못을 인식하고 빨리 사죄하는 것이 현명하고 타당한 일이다. 반대로 자신의 잘못을 쉽사리 인정하려 하지 않고 변명하면서 피할 곳을 찾는다면, 도리어 자신의 잘못을 정당한 것처럼 꾸미려 든다면 그것은 몹쓸 짓이다. 그 사람 자신에게 있어서도 이보다 더 괴로운 일은 없을 것이며, 다른 사람이 보더라도 이처럼 보기 싫은 일은 없을 것이다.

변명을 하고 별의별 구실을 대며 이 핑계 저 핑계로 책임만 벗으면 된다는 잔꾀를 부리는 사람은 머지않아 들통나고 만다. 자기의 잘못을 변호하는 것은 어떠한 어리석은 사람이라도 할 수 있는 일이다. 자기의 잘못을 그 자리에서 깨끗하게 인식하는 것은 용기와 점잖은 품

63

성을 필요로 하는 일이다. 그렇기에 쉽지만은 않은 일이다. 이처럼 현명하게 행한다면 상대방에게 호감을 살 수도 있을 것이다.

아인슈타인은 유태계 독일인으로 독일의 울름에서 태어나 1916년 '일반 상대성 이론의 기초'를 발표하였으며, 1922년에는 노벨 물리학 상을 수상하였다. 아인슈타인이 상대성 이론을 발표하여 세계적으로 이름을 떨치자 미국의 여러 대학에서 강연 요청이 쇄도했다. 그는 바쁜 와중에도 강연을 거절하지 않고 여러 대학을 돌며 강연을 했다.

어느 날 대학 강연을 위해 차를 타고 가던 중 운전사가 아인슈타인에게 장난스럽게 말을 걸었다. "박사님, 저도 벌써 박사님의 상대성 원리에 대한 강연을 100회 이상은 들었습니다. 그렇기 때문에 이제는 상대성 원리를 모두 암송할 수 있을 정도가 되었습니다. 박사님은 연일 피곤하실 텐데 오늘은 제가 박사님의 옷을 입고 대신 강연을 하면 어떨까요?" 아인슈타인은 운전사의 말을 듣고 선선히 그렇게 하라고 응하고는 대학에 도착하였다. 가짜 아인슈타인은 강연장에서 아주 훌륭하게 강연을 하였다. 정말 성공적으로 강연을 마치고 박수를 받으며 연단에서 내려올 무렵 한 교수로부터 질문을 받게 되었다.

가슴이 쿵하고 내려앉은 것은 진짜 아인슈타인이었다. 운전사 복장을 하고 있으니 나서서 질문을 받아 대답할 수도 없고 정말 난처했다. 그런데 단상에 있는 가짜 아인슈타인이 빙그레 웃으며 대답했다. "그런 질문이라면 아주 간단합니다. 그 정도라면 제 운전사도 대답할 수 있습니다. 어이, 여보게나. 이분의 질문에 대답해 드리게나." 그 말에 진짜 아인슈타인은 안도의 숨을 내쉬며 무사히 설명을 마칠 수 있었다.

이처럼 살다보면 임기응변이 필요한 순간이 온다. 임기응변이란 위기를 모면할 수 있는 재치와 순발력을 말한다. 임기응변으로 상황을 재치 있게 넘어간다면 차라리 다행이다. 반대로 임기응변도 아닌 변명과 자기합리화로 유야무야 넘어가려는 이들도 있다.

세상에는 자신의 행동을 정당화시키려는 사람들이 많다. 그러나 변명을 하면 그만큼 당신의 인격수준도 낮아진다는 사실을 알아야 한다. 평소 변명을 늘어놓는 사람들은 변명을 함으로써 이제는 자신의 입장이 보장되었다거나 확보되었다고 생각한다. 하지만 그것은 착각이다. 정직하게 자기의 잘못이나 시행착오를 인정하고 각성하는 자세가 훨씬 인간적이며 발전적인 처세이다. 훌륭한 사람일수록 어떤 경우에도 절대로 변명을 하지 않는다. 스스로 비굴하지도 않고, 스스로 교만하지도 않은 자세가 필요하다.

현명한 사람은
자신을 드러내지 않는다

　미국의 제23대 대통령 벤자민 해리슨은 오하이오주 출신으로 인디애나주의 법조계에서 활약하다가 1888년 공화당 후보에 지명되어 당선되었다. 벤자민 해리슨이 어렸을 때의 일이다. 동네 어귀에서 아이들이 놀고 있었다. 이때 해리슨이 아이들과 함께 놀려고 다가갔다. 그때 무리의 한 아이가 해리슨에게 니켈로 된 큰 동전과 은으로 된 작은 동전을 두 개 던지며 말했다. "해리슨, 여기 땅바닥에 동전 두 개가 있으니 네 마음대로 한 개만 주워 가져."

　아이들의 말이 끝나자마자 해리슨은 니켈로 된 큰 동전을 재빠르게 주웠다. 아이들은 웃으며 또다시 니켈로 된 큰 동전과 은으로 된 작은 동전 두 개를 던지며 해리슨에게 주워 가지라고 반복했다. 그때마다 해리슨은 아이들의 웃음거리가 되면서도 항상 니켈로 된 큰 동전을 주웠다. 그것을 보고 있던 한 할머니가 해리슨에게 말했다. "애야 해리슨! 너는 멀쩡한 애가 왜 그런 걸 모르냐? 네가 지금 주운 돈은 5센트이고 저건 10센트란다. 그런데 왜 5센트를 줍니? 그러니까 아이들이 너를 바보라고 놀리지 않느냐?" 그러자 해리슨이 할머니의 귀에 대고는 조용히 속삭였다. "할머니 제가 저기 있는 10센트짜리를 주우면 아이들이 재미가 없으니까 이 짓을 안 해요. 그러면 제가 손해잖아요."

자신의 신변과 관련한 얘기를 길게 해서 상대를 곤란하게 하거나 야무지지 못한 말로 자기의 이야기만을 늘어놓으면 상대는 한시라도 빨리 헤어질 기회를 찾게 된다. 자신의 사생활을 너무 많이 노출시키면 활동의 제약을 받을 뿐만 아니라 자칫 인간적인 매력을 상실하기가 쉽다.

자기 과시욕이 강해지면 자칫 자기 얘기만 하게 된다. 그러므로 자기 자신에 관한 이야기를 할 때에는 절제하는 것이 좋다. 물론 대화의 화제는 풍부한 것이 좋다. 하지만 자기 자신에 대한 얘기를 할 때에는 무엇이든지 지나치게 드러내지 않는 것이 좋다.

많은 사람과 교제해 보았을 때 가장 난처한 타입은 바로 자신의 말에 취한 나머지 멈추려는 생각이 없는 듯이 끊임없이 말을 계속해대는 자기도취형(나르시스트형)이다. 공적인 자리나 사적인 자리를 막론하고 자신을 내세우는 것은 위험한 일이다. 자신에 대해 말할 때 자화자찬을 늘어놓거나 우쭐대는 사람, 또는 무모하게도 자신을 깎아내리는 사람이 있다. 어느 경우든지 자신을 내세우는 것은 계면쩍은 일이며 자신을 화제로 삼는 일은 삼가야 한다.

지혜가 뛰어난 사람은 지혜를 함부로 드러내지 않는다. 어수룩하게 보이는 것이 세상살이에서 득을 보는 경우가 많다. 직장인이 어떤 새로운 아이템을 기획하여 결재를 받으려 할 때는 완벽하게 하지 않는 것이 좋다고들 말한다. 상사에 따라서 부하의 결점을 꼭 지적하고 조언해야만 자신의 존재 가치를 느끼는 사람이 있기 때문이다. 이런 상사에게는 아무리 훌륭한 기획서를 가지고 간다고 해도 자기가 의도한 바가 왜곡되어 전달될 수 있다. 심하면 경계의 대상이 되어 견제를 받게 된다.

어수룩한 사람 주변에 사람이 많이 모이는 경우가 있다. 반면 영악한 사람의 주변에는 사람이 모이지 않는 경우가 많다. 왜 그럴까. 자기보다 더 똑똑하며 잇속계산이 빠른 사람 곁에 누가 찾아오겠는가, 그런 이들은 누가 도와주지 않아도 혼자 알아서 잘 해내니 굳이 많은 사람을 필요로 하지 않는다. 그러니 영악한 사람보다 어수룩한 사람 곁에 사람들이 더 많이 모이는 것이다. 그래서 사람은 알게 모르게 자기보다 조금 더 결함이 있는 사람, 조금은 더 어리석은 사람과 가까이 하려고 하는 것이다.

알면서 속는 것은 속는 것이 아니다. 남이 나를 속이는 줄 알아도 모르는 체하고 말로써 나타내지 않는 것이 좋다. 남이 나를 모욕해도 성내지 않으면 내가 도리어 그 사람을 포용하는 셈이다. 모욕을 당해도 성내지 않고 안색을 공평히 가지는 것이 좋다.

어느 장터의 건어물 장수는 장사를 무척 잘했는데, 그의 비결은 생선을 엮어도 한두 마리 더 넣어 엮고, 조기를 세어서 팔 때도 "열 마리요" 하면서 몰래 조그마한 것으로 한 마리 더 집어넣어 준다. 혹시 사는 사람이 셈이 틀렸다고 도로 돌려주면 아까운 표정을 지으면서, "남의 손에 간 걸 어쩌겠습니까?" 하며 받지 않았다.

사실 생색을 내며 한 마리 더 얹어 주는 것은 장사하는 사람은 늘 하는 짓이지만, 셈을 잘못해서 더 주었다면 받는 사람은 그 상인에 대해 미안한 마음을 갖게 되고, 뜻하지 않은 횡재를 했다는 생각을 갖게 되어 그 가게의 단골이 되는 것이다.

目
내 힘만이 힘이 아니다

한 소년이 정원에서 놀고 있었다. 그 아이의 옆에는 아버지가 앉아 그를 지켜보고 있었다. 아이는 정원 한구석에 있는 바위를 발견하고 그것을 들어 올리려 했다. 그러나 그것은 너무 커서 아이의 힘으로는 들어 올릴 수가 없었다. 아이는 땀을 뻘뻘 흘리며 애를 썼으나 바위는 꼼짝도 하지 않았다.

그런 아이를 보고 있던 아버지가 말했다.

"너는 네 힘을 모두 사용하지 않고 있구나."

아이가 말했다.

"아니에요. 나는 모든 힘을 쓰고 있는 걸요. 더 이상은 할 수가 없어요."

아버지가 말했다.

"너는 나에게 도와 달라고 청하지 않았잖니. 그것도 역시 너의 힘이란다. 내가 여기 앉아 있는데도 너는 나에게 도와 달라고 하지 않는구나. 그것이 네 힘을 다 사용하지 않는 것이 아니고 무엇이냐?"

사람들은 자신의 취향이 아닌 사람을 만나면 갑자기 입을 다물고 만다. 그래서 도무지 상대를 하고 싶지 않은 기분이 되곤 한다. 그럴 경우 관계가 삐거덕거릴 가능성 역시 있다. 그러나 인간관계를 원만히 이끌 수 있고 주변의 누구와도 잘 어울릴 수 있는 능력을 가졌다면 그런 것쯤은 큰 상관이 없다. 처음부터 타인과의 관계를 원만하게 이끌어 나가고, 그들의 리더가 되는 능력을 타고난 사람은 없다. 주변에 지도력이 뛰어난 사람들을 가만히 살펴보면 공통점을 발견할 수 있다. 그것은 바로 그들이 타인을 잘 배려할 줄 아는 사람들이라는 점이다.

혼자서 무려 1만 3,000대의 자동차를 팔아 기네스북에 오른 미국의 유명한 자동차 세일즈맨 '조 지라드'. 그는 고객 한 명을 단순한 한 명이 아닌 250명으로 보라고 말했다. 이 말은 한 사람이 영향력을 발휘할 수 있는 사람의 숫자가 250명 정도라는 사실을 말해 주고 있다. 사람들은 보통 명함을 교환하면 그 선에서 그치고 만다. 하지만 단순히 명함을 주고받는 일에서 그친다면 관계의 진전은 없다. 상대방이 기억하고 있는지 확인해 볼 필요가 있다. 적어도 전화를 걸면 "이거, 오랜만이군! 자주 연락하며 지내야 하는데 미안해"라고 말할 수 있을 정도는 되어야 한다.

사람이 곧 재산이다. 나이를 먹을수록 각자 처한 상황이나 삶의 모습이 달라지면서 사이가 점점 소원해지기도 한다. 그러니 조금이라도 어릴 때일수록 주변 사람관리에 신경을 써야 한다. 언젠가는 인맥의 힘을 필요로 하는 순간도 분명 오기 때문이다.

모든 사람의 관심을 살 필요는 없다

만나는 사람 모두의 마음에 들 순 없는 노릇이다. 누구에게나 사랑받고 싶다는 생각을 버리는 것이 정신건강에도 좋다. 무리를 해서까지 공평하게 교제하지 않으면 안 된다는 생각은 이상적인 생각일 뿐, 결국 사람에게 지쳐서 노이로제가 생기고 만다.

내가 상대방에게 어떤 제안을 한다고 해보자. 나의 제안이 있는 그대로 상대방에게 받아들여진다면 좋겠지만, 그렇지 않을 가능성도 있다. 소통에 문제가 생겨 어떤 오해나 마찰이 빚어질 수도 있다. 그렇게 되면 양자 모두 결과적으로 인간 불신에 빠져 노이로제에 걸릴 수 있다.

어느 소극장에서 연극을 보던 한 신사가 옆 사람에게 속삭였다.
"저 여배우, 연기가 형편없지요?"

"저 여배우는 제 아내입니다."

"아유, 이거 실례가 이만저만 아닙니다. 저, 다시 생각해 보니 연기자가 못하는 것이 아니라 대본에 문제가 있는 것 같군요. 엉터리 작가의 작품을 연기하다 보니 그럴 수밖에 없겠지요."

그러자 옆 사람이 다시 퉁명스런 말투로 대답했다.

"그 작가가 바로 접니다."

모든 사람의 마음에 들기 위해 팔방으로 신경을 쓰는 타입이 꼭 있다. 이런 사람은 상대방의 마음에 들기 위해 나름 애를 써 보지만, 그 노력에 비해서 이렇다 할 효과를 보지 못하는 경우가 많다. 주체성을 갖고 자기다운 삶을 추구하는 사람이라면 자기와 뜻이 맞지 않는 사람과의 접촉을 피하거나 자신을 굽히는 일 따위는 하지 않을 것이다.

지각 있는 사람들은 이렇게 적당히 비위만 맞추려는 타입의 사람을 신용하지 못한다. 그런 사람은 대개 자기 과시욕이 강한데다가 눈에 띄고 싶어 하는 부류일 확률이 높다. 또한 이런 아첨형의 경우 비위를 맞추느라 정작 자신의 의견과 소신은 없는 사람일 확률이 높다. 자신의 의견과 소신이 없다는 것은 곧 자기 주체성이 부족함을 뜻한다. 지각 있는 사람들은 이러한 주체성 없는 자들을 좋아하지 않는다.

장단을 잘 맞춘다는 것은 그 장소와 어울리는 말을 하고, 분위기를 잘 이끌어 간다는 것이다. 하지만 때와 장소를 가리지 못하고 얘기한다면 자칫 상대방의 개인 정보를 누설할 가능성이 있다. 공개적인 장소에서 상대방과 대화를 나눌 때에는 목소리를 낮추는 것이 좋다. 그렇지 않으면 자칫 상대방의 신상 정보가 의도치 않게 남의 귀에 손쉽게 들어갈 수 있기 때문이다. 만일 이럴 경우 상대방은 당황할 것이다.

당신은 처음 만나는 사람과 주고받은 명함을 얼마나 활용하고 있는가? 그저 명함을 교환하고 물러나는 것에서 그치지 않은가. 그렇다면 아무런 의미도 찾을 수 없다. 명함을 주고받은 후에도 상대방과 연락을 간간이 이어나가야 한다. 상대방의 마음에 쐐기를 박을 정도의 열의가 필요한 것이다.

구체적인 이익을 제시하라

돈 많은 사장이 비서와 함께 요트를 타고 바다를 여행하다가 폭풍을 만났다. 그 바람에 요트는 흔적도 없이 부서졌다. 두 사람은 가까스로 헤엄쳐서 간신히 가까운 섬에 도착했다. 비서는 섬을 살펴본 뒤무인도라는 것을 알고 절망에 빠져 있는데, 사장은 나무 밑에 앉아 편안하게 휴식을 취하고 있는 것이었다. 비서가 화가 나서 소리쳤다.

"이것 보세요. 사장님! 우린 무인도에 갇혔어요. 아무도 우릴 못 찾을 거예요. 우린 여기서 죽을 거라고요!"

그러자 사장이 말했다.

"이봐, 걱정 말고 내 말을 들어봐. 난 5년 전부터 많은 자선 단체에기부금을 내고 있어."

"그래서 어쨌단 말이에요?"

"올해도 낼 때가 됐거든. 그들이 나를 못 찾아낼 것 같아?"

어떤 일을 할 때, 그 일의 결과가 내게 어떤 이익도 가져다주지 않는다면 잠시 손을 멈추고 고민하게 된다. 이 일을 계속 해 나갈 것인가, 말 것인가 하고 말이다. 여기서 말하는 이익이란 단순한 경제적인 이익만을 말하는 것이 아니다. 자신이 그러한 행동을 취했을 때 얻을 수 있는 만족감, 충만감, 상쾌함 등도 이익에 속한다. 상대방을 설득할 때에는 감정적인 이익이든 정신적인 이익이든 경제적인 이익이든 그것으로 얻을 수 있는 이익을 구체적으로 제시하라. 자신에게 분명한 이익이 있다고 생각하면 반드시 설득에 따를 것이다.

대화에 유머를 활용하라

잘 차려 입은 손님이 고급 레스토랑에 들어갔다.

메뉴판을 한참 보던 손님이 수프를 주문하자 웨이터가 수프가 들어 있는 접시를 날라 왔다.

"이건 너무 미지근한데, 좀 더 따끈한 건 없나?"

손님이 다른 걸로 요구하자 웨이터는 죄송하다며 좀 더 뜨거운 수프로 바꿔 가져왔다. 손님은 또 말했다.

"아냐, 아냐. 좀 더 따끈한 수프여야 해."

세 번째로 가져온 수프도 퇴짜를 맞자, 웨이터는 은근히 화가 치밀었다. 웨이터가 물었다.

"도대체 어느 정도로 뜨거워야 손님 마음에 드시겠습니까?"

그러자 손님이 이렇게 대답했다.

"가져올 때 자네 손가락이 수프 속에 들어가지 못할 정도로 뜨거운 수프면 좋겠어."

재미있는 대화는 사람들에게 따뜻하고 즐거운 마음을 심어 준다. 재미있는 대화가 가져다주는 웃음은 마음의 이완작용을 한다. 재미있는 대화는 여유에서 나온다. 분위기가 경직되거나 불리하게 돌아가거든 유머 감각을 동원하라. 유머는 함께 웃음으로써 관계의 공감대를 저절로 형성한다.

여유 있는 대화는 웃음을 준다. 웃음은 상대방의 마음을 따뜻하게 해준다. 웃음은 웃음을 부르고 굳은 마음의 빙벽을 깨고 설득의 길을 열어 준다. 위트나 유머를 곁들여 웃음을 자아내는 것도 좋을 것이다. 재미있는 대화는 이제 사교상의 에티켓이라 할 수 있다. 딱딱한 교섭 중에도 차가운 사무적인 절충 과정에도 웃음의 미풍이 감도는 분위기라면 이야기는 부드럽게 진행될 수 있다.

재미있는 대화란 과장법이나 축소법을 적절히 활용하거나 세태를 통렬히 풍자하거나 동문서답처럼 주제의 흐름이 사람의 예측을 빗나가도록 하는 데서 온다. 그것이 바로 재미있는 대화다. 그렇다면 대화의 분위기를 부드럽게 풀어줄 유머에는 어떤 것들이 있을까. 다음의 유머를 살펴보자.

유머1

하루는 동네 약국에 30대쯤 되어 보이는 남자가 기웃거리다가 들어와서는 콘돔 9개를 달라고 했다. 약사는 의아하게 생각하며 물었다.

"아니 한 갑이면 열 개가 들어 있는데, 한 갑을 안 사고 왜 아홉 개만 달라는 거요?"

"아! 예, 일주일분인데요. 평일에는 한 개씩, 주말에는 하루에 두 개씩 사용하걸랑요."

이번에는 40대쯤 되어 보이는 남자가 와서 콘돔을 5개를 달라고 했다. 약사는 다시 고개를 갸우뚱거리며 물었다.

"당신은 왜 다섯 개요?"

"평일은 한 개씩 사용하고 주말엔 푹 쉬걸랑요."

얼마 있다가 점잖은 노신사가 찾아와 콘돔을 12개나 달라고 했다. 약사는 깜짝 놀라 물었다.

"아니 12개씩이나 필요하시다고요?"

그러자 그 노신사 왈,

"한 달에 한 개씩, 1년분입니다요."

유머2

선생님이 아이들을 모아 놓고 예절교육을 시켰다.

"여러분 지하철에서 옆 사람의 발을 밟았을 때 뭐라고 해야 하죠? 정답의 힌트를 주자면, '다' 자로 끝나는 다섯 글자입니다."

"저요! 저요!"

"그래요. 맹구, 대답해 봐요."

"네, '이걸 어쩐다' 입니다."

"하하하!"

유머3

예화를 하나만 더 들어보자. 지금부터 반대말을 해보겠다. 사랑은 '미움', 하늘은 '땅', 천재는 '바보'이다. 그렇다면 '보통'의 반대말은 무엇일까?"

'글쎄⋯특급, VIP, 고급!'

그러나 이때에도 우왕좌왕하다 보면 함정에 빠지고 만다. 깊게 생각할 필요가 없다. 답은 '곱빼기'다. 으슥한 밤에 한 남자가 여자를 안고 차에서 내렸다. 남자는 여자의 옷을 하나씩 둘씩 벗겼다. 시간이 조금 지난 후에 여자가 남자에게 말했다.

"아빠, 나 쉬 다 했쪄."

어떤가, 참으로 재밌지 않은가. 넌센스 퀴즈처럼 재미있는 대화는 의외성에서 나온다. 선입견이나 고정 관념을 과감하게 무너뜨리면 웃음이 터져 나온다. 그러나 아무리 재미있는 말이라도 듣고 있는 사람 중의 누군가의 약점을 찌르거나, 감정을 상하게 하는 것은 유머라고 할 수 없다. 친구들과 대화를 나눌 때 친숙함의 표시로 서로를 놀리거나 빈정거릴 때가 있다. 또는 독설을 하면서 상대방을 비난의 대상으로 삼는 경우가 있다. 이런 방식의 말하기가 주위를 재미있고 즐거운 분위기로 만들었는가? 그렇다면 이제부터는 제동을 조금 걸어 줄 필요가 있을 것이다. 말의 사용분별을 확실히 하지 않으면 직장에서 '미움을 받는 사람'이 될 염려가 있기 때문이다.

여기 한 부부가 있다. 아내는 남편이 자신의 어떤 모습에 반했는지 궁금했다. 남편에게 이렇게 물었다.

"여보, 당신은 나의 어떤 점에 반해서 결혼했어? 내 지성미, 아님이 쫙 빠진 몸매, 아님 아름다운 얼굴?"

그러자 남편 왈,

"난 당신의 그 유머감각에 반했지."

"…."

재미있는 대화란 이처럼 웃음이라고 하는 이완 작용을 통해서 듣는 사람들의 가슴에 따뜻하고 즐거운 마음을 심어 준다. 분위기가 경직되거나 불리하게 돌아가거든 유머 감각을 동원하라. 유머는 함께 웃음으로써 웃기는 사람에 대한 공감대가 저절로 형성되게 만드는 청량제 역할을 한다. 웃음은 상대방의 마음을 따뜻하게 해준다. 웃음은 웃음을 부르고 굳은 마음의 빙벽을 깨고 설득의 길을 열어 준다. 딱딱한 교섭 중에도, 혹은 차가운 사무적인 절충 과정 중에도 웃음의 미풍이 감도는 분위기라면 이야기는 부드럽게 진행될 수 있다.

団
언어의 순서를 역전시켜라

저널리스트 사회에서 널리 알려진 이야기 중에 '개에 대한 이야기'가 있다. 이 이야기가 퍽 재미있어 소개하고자 한다. 어떤 경우든지 '개가 사람을 물었다'는 소식은 그리 새로운 일이 못 된다. 흔한 일이기에 뉴스 면에 게재될 성질의 화제감이 아니다. 하지만 반대로 '사람이 개를 물었다'고 한다면 자못 귀추가 주목되는 이야기가 아닐 수 없다. 이것은 주어와 목적어의 개념이 역전되어 평범한 화제가 쇼킹한 반향을 불러 모은다는 상징적인 말이다. 언어는 이처럼 항시 의외성을 만들 수가 있다.

우리가 평소 사용하는 상투어도 단어의 순서를 뒤바꾸어 놓으면 보편적인 개념을 탈피하게 된다. 또한 듣는 이로 하여금 신선한 기분이 들게 하기 때문에 이야기의 파급과 전달 효과가 아울러 증대된다.

스피치에 있어서도 마찬가지다. 이야기를 할 때 듣는 이로 하여금 강한 인상을 남겨주려면 언어의 순서를 역전시켜 볼 일이다. 언어의 순서는 항상 일정해서 고착된 선입감일 수도 있으므로 고정 개념을 탈피하면 새로운 감동을 얻을 수 있는 신선함을 발휘할 수가 있다.

수평적 사고의 창시자인 에드워드 보노는 신선한 사고의 원동력은 바로 사물의 관계를 의식적으로 역전시키는 데에서 생겨난다고 말한다. 여기에서 그는 모든 대인관계에서도 언어의 도치를 활용할 것을 주장했다. 대화에 있어서도 언어의 순서를 도치시켜 평소에 우리가 쓰는 말을 변화시켜 보자. 인사말의 경우 통상적으로 호칭을 앞에 쓰고 다음에 인사말을 쓴다. 예를 들면 "김 선생님, 안녕하셨습니까?"의 말을 "안녕하셨습니까? 김 선생님."으로 쓴다면 인사말이 강하게 받아들여질 것이다. 부탁의 경우라면 "이것 좀 부탁합니다."를 "부탁드립니다. 이것 좀."으로 바꾸어 볼 수도 있을 것이다. 이렇게 바꾼다면 '부탁'의 의미가 자연스레 강조된다. 또 연인들 사이에서 고백을 할 때라면 "영희 씨, 사랑합니다."가 될 것이나 "사랑합니다. 영희 씨"라고 한다면 사랑의 의미가 강하게 표현된다.

이러한 언어의 도치는 특정한 경우뿐만 아니라 어떠한 일상적인 회화에서라도 응용할 수 있는 테크닉이다. 냉장고를 판매하는 사람의 말을 가정해서 생각해 보자. 보통 세일즈를 위해서 신형임을 강조할 경우라면 "이 냉장고는 최신형입니다."라고 말할 것이다. 그러나 "최신형 냉장고입니다."라고 한다면 어떤 인상을 줄 것인가. 이처럼 내가 강조하고자 하는 부분을 상대방에게 각인시키려면 말의 순서를 서로 도치시켜 볼 일이다. 똑같은 내용의 말이라도 언어의 의외성을 활용하면 훨씬 인상적인 내용으로 전환시킬 수 있다.

인간의 심리를 이용하라

친구와 오랜만에 만났다. 강남에서 분위기가 제일 좋은 레스토랑에 들어가 샌드위치 두 개와 우유 두 잔을 시켰다. 다 먹고 난 다음 계산서를 보니 5만 원이 넘게 나왔다. 두 사람은 기가 막혀 지배인에게 샌드위치 두 개와 우유 두 잔만 마셨는데 어떻게 이렇게 많이 나올 수 있느냐고 따졌다. 그러자 지배인이 웃으면서 이렇게 말하는 것이 아닌가.

"분위기 값도 내셔야죠."

그러자 또 다른 한 친구가 옆에 있는 친구에게 물었다.

"네가 분위기 시켰어?"

인간에게는 두 가지의 욕구가 있다. 하나는 무엇을 이루어 내고야 말겠다는 '달성 욕구', 또 하나는 실패를 피하려는 '실패 회피 욕구'이다. 열등감이 있는 사람은 대개 다른 분야에서 보상을 받길 원한다. 그리고 자신의 열등감이 우월감으로 대체되기를 갈망한다. 학력에 열등감이 있는 사람은 대신 재력을 가짐으로써 열등감을 상쇄하려 든다. 또한 자신의 열등감과 자격지심을 폭력성으로 분출하는 경우도 있다.

보상이 정상을 넘어서면 과보상이 되기도 한다. 말더듬이라는 열등감에 대한 보상으로 그리스 제일의 변론가의 명성을 얻었던 데모스테네스가 그 대표적인 사례다.

욕망이야말로 인간 행동의 근본 원리이다

옛날에 어떤 부부가 있었다. 그의 남편은 굉장한 바람둥이였다. 부인이 이를 괘씸히 여겨 남편을 북극에 가둬 버렸다. 그로부터 며칠이 지나자 부인은 남편이 불쌍하게 여겨졌다. 남편의 안부를 확인하기 위해 북극에 가 보았더니, 남편은 북극곰에게 마늘과 쑥을 먹이고 있었다.

인간의 모든 행동은 욕망의 원천에서 샘솟은 지류에 불과하다. 따라서 사람의 마음을 사로잡아 분발시키려면 격렬한 욕망의 불꽃을 심어 주는 것이 효과적이다. 정신분석학자 프로이드는 욕망과 성의 충동이 인간 행동의 두 가지 동기라고 했다. 위대해지고 싶다. 남보다 우위優位에 서서 자기의 존재를 과시해 보겠다는 기분이야말로 인간의 본능이며 분발을 재촉하는 자극제인 것이다.

인생의 묘미란 그동안 몰랐던 인생의 진리나 교훈을 스스로 깨닫는 데에 있다. 오른손을 자꾸 사용하면 숙련되고 자유롭다. 하지만 오른손만 사용할 경우엔 왼손의 존재감이 오른손에게 가려지게 된다. 만약 당신이 왼손의 자유로움과 숙련됨을 갖고자 한다면 어떻게 해야 할까. 왼손을 갑작스레 사용하기보다는 점진적으로 활용하는 것이 좋은 것이다.

남자나 여자나 남에게 미움을 받기 좋아할 사람은 없다. 이 말은 너무나도 당연한 말이기 때문에 더 부언할 필요도 없다. 실제로 자신이 잘못되어 가는 것을 자각하고 있으며 그로 인해 남들의 미움을 받고 있다는 사실을 인식하고 있으면서도 그 모순 속에서 자기 자신을 해방시킬 줄 모르는 사람이 무척 많다. 인간사회의 실제적인 고민은 바로 이런 것이다. 이러한 고민도 얼마든지 해결할 수 있다. 뿐만 아니라 자기 자신의 혼란도 정화가 가능하다. 누구든지 남에게 인정받으려고 한다는 것이 사실인 바에야 그들도 호의적으로 대해 주면 오히려 더욱 긴박한 유대를 맺을 수 있는 소지가 있다.

어려운 난관에 봉착해서 불안에 떨고 있는 사람도 마찬가지다. 난관에 봉착하게 되면 의욕이 감퇴되고 쓸데없는 불평이 늘어날 것이다. 사사건건 사람 그 자체를 싫어하게 된다. 이런 처지의 사람에게 도움을 줄 때면 확실히 새롭게 되고 싶다는 강렬한 욕망에 휩싸이는 모습을 볼 수 있다.

역설적인 말이지만 까다로운 상대일수록 마음을 붙잡기가 쉽다는 사실에 주의해야 한다.

예를 들어 극도로 의심이 많은 사람을 대할 때는 누구든지 까다로워 처세가 어렵다는 핑계로 기피하게 되고 끝내 그 사람은 외로운 처지에 놓이게 된다. 때문에 의심하는 심리 그 이면에는 무엇이든지 신용하고 싶은 반발적 심리가 잠재해 있기 마련이다. 이런 부류의 인간에게는 대담하고 자신 있는 태도로 임해야 하며 그의 의심증을 덜어주기 위해 진력하는 태도를 보이면 호의를 보이게 된다.

사람은 자신과 비슷한 사람을 모델링하려 한다

손오공과 삼장법사가 길을 가다가 저만치 앞에 있는 수많은 요괴무리를 발견했다. 손오공은 즉각 '머리카락 분신권법'을 이용해 여러 명의 손오공을 만들어 요괴들과 싸우기 시작했다. 열심히 싸우다가 얼핏 보니 웬 나이 드신 할아버지께서 열심히 싸우고 계신 것이 아닌가?

눈물이 날 만큼 고마워진 손오공은 그 할아버지에게 다가가 누구시냐고 여쭤보았다. 그러자 그 할아버지가 이렇게 말했다. "주인님, 저는 새치인데요…."

사람은 누구나 자신과 비슷한 특성을 가진 사람에게 친근감을 느끼곤 한다. 우리는 강한 것, 잘생긴 것, 뛰어난 것을 동경하고 자기도 그렇게 되기를 바란다. 마음의 이러한 메커니즘을 동일시(同一視)라고 한다.

동일시란 다른 사람의 몇 가지 특성이나 일면, 전체를 받아들임으로써 그를 닮으려는 심리적인 현상을 말한다. 이러한 동일시에도 종류가 있다. 자기 자신에게 도취되는 '자아도취적 동일시', 목표에 도달한 사람의 인격에 따라 자신의 인격을 형성하려는 '목표지향적 동일시', 상실했거나 소유할 수 없는 대상에게 동화하려는 '대상 상실의 동일시', 권위 있는 인물에게 동화되려는 '공격자와의 동일시' 등이 있다.

이러한 용어의 유래를 살펴보자. '자기동화'는 다른 말로 '나르시시즘'을 말하기도 한다. '나르시시즘'이란 용어는 그리스 신화에서 유래된 것이다. 옛날에 '나르시스'라는 인물이 살고 있었다. 그는 어느 날 연못에 비친 자신의 모습을 보고 그만 사랑에 빠지고 말았다. 자기 자신에게 도취된 그는 연못 속의 자신에게 홀린 듯 다가갔다. 그러다가 그만 물속에 빠져 죽고 말았다. '나르시시즘'이란 말은 이런 신화에서 유래한 단어다.

자기 자신을 찬양하는 시간이 많은 사람을 두고 자기도취적인 사람이라고 말한다. 화장품이나 패션광고에서는 예쁜 모델이 등장한다. 이 광고에 나오는 화장품을 사용하거나 옷을 입으면 모델처럼 날씬하고 예뻐질 수 있다는 욕심을 불러일으키게 하는 것도 모두 동일시 효과다. 업계에서 잘나가는 가수, 탤런트, 축구선수 등도 모두 누군가의 동일시 대상이 된다. 사람들이 거물 정치가나 경제인, 연예인 또는 스포츠 스타를 동경하는 것은 자기보다 더 나은 능력과 신망을 가지는 사람과 자기를 동일시하여 자기의 모자라는 점을 보완하기 위해서다.

어떤 사람을 동일시한다고 해서 자신의 특징이 금방 바뀌는 것은 아니다. 그러나 동일시에 의해 잠시나마 마음의 안정을 찾을 수 있고,

짧은 시간이나마 자기도 뛰어난 존재라는 생각에 젖을 수 있다. 동일시는 정신 건강을 유지해 나가는 데 있어 필요한 심리기제다. 자기도취의 요인이 매우 강하면 사람은 오직 자기 자신을 닮은 사랑의 대상을 선택할 때만 만족감을 얻을 수 있다. 자기도취적 동일시는 같은 집단의 구성원들 사이에 있는 유대감의 원인이 된다.

동일시는 개인의 욕구 불만과 불안에서 생기기도 한다. 예를 들어 사랑 받기를 원하는 여자가 친구들이 사랑에 빠지는 것을 보고 자신이 갖지 못한 것을 친구들이 가졌다는 사실을 의아하게 생각한다. 그녀는 친구들과 동일한 목표에 도달하기를 원한다. 이런 욕구는 곧 친구를 모방하는 일로 이어진다. 욕구 불만을 느끼는 사람들이 스스로 성공하기 위하여 성공한 사람과 동일시하는 경우이다. 또, 사람은 모델링에 의해 다른 사람의 행동을 모방한다. 다른 사람의 행동을 관찰하고 그 행동을 흉내내거나 참고하여 새로운 행동이 형성되는 과정을 '관찰 학습'이라고 한다. 관찰 학습의 과정을 모델링이라고 한다.

군중심리를 이용하라

어느 수영장 안전 요원이 꼬마를 꾸짖고 있었다.

"얘, 꼬마야! 수영장에 오줌을 싸면 어떻게 하니?"

"피! 다른 사람들도 다 하는데요, 뭘. 괜히 나한테만 그래!"

그러자 황당하다는 듯 수영장 안전 요원이 말했다.

"그래도 너처럼 다이빙대에 서서 싸는 사람은 없어!"

우리는 보편의 질서에 속해 있을 때 안정감을 느낀다. 그런 이유에서 많은 사람들이 하는 행동과 말을 따라 하려는 경향이 있다. 이런 경향을 '동조성'이라고 한다. 예를 들어 몇 사람이 몰려와 저녁을 먹으러 갈 때 오늘은 짜장면을 먹어야지 싶다가도 동행한 사람이 짬뽕을 시키면 나도 같은 걸로 달라고 한다.

초등학교 1학년을 대상으로 실시한 실험이 있다. 학생들을 대상으로 산수 문제를 제출했다. 문제는 '3+4='이다. 학생들은 네모 칸에 들어갈 숫자를 맞춰야 한다. 실험단은 20명의 학생들 중 19명의 학생들과 사전에 모의했다. 문제의 정답을 묻는 선생의 질문에 19명의 학생들은 일부러 오답인 숫자 '8'을 대답하도록 모의한 것이다. 19명을 제외한 나머지 1명이 과연 어떻게 반응할까 하는 궁금증에서 시작된 실험으로 사람들의 군중심리를 알아보기 위함이었다. 실험단은 실험을 시작했다. 많은 학생들이 계획한 대로 문제의 정답이 '8'이라고 답했다. 사전에 협의하지 않은 실험학생 1명은 이 같은 상황이 우스워 그저 여유로이 웃을 뿐이었다. 그러다가 학생 10~15명이 오답을 계속 발표하자 학생의 표정이 점차 심각해지기 시작했다. 드디어 자기 차례가 되었을 때 심각한 표정을 짓고 있던 학생은 조금 머뭇거렸다. 그러더니 역시 정답이 '8'이라고 대답했다. 오답을 말한 것이다. 이러한 실험결과에서도 알 수 있듯이 사람에게는 누구에게나 보편의 질서에 편입되고자 하는 욕구가 있다. 일종의 군중심리다.

다른 사람이 가진 물건을 나 자신도 갖고 싶을 때가 있다. 이러한 욕망 역시도 동조성 때문이다. 다른 사람의 것과 같은 것을 가지지 않거나, 다른 사람과 같은 행동을 하지 않으면 불안해진다. 유행도 일종의 동조 행동으로 볼 수 있다. 예를 들어 짧은 반바지가 유행하면 모두가 입으니까 자기도 입는다. 동조성이 강한 사람에게 개인의 개성을 고려하는 일은 크게 중요하지 않다. 그저 남들을 따라 하고, 또 유행을 좇아야만 안심이 되는 것이 그들의 심리라고 할 수 있다.

이렇게 유행을 좇는 심리는 유사성을 추구하는 마음에서 기인한다. 유사성이란 서로 닮은 상태를 일컫는 말이다. 세상에는 서로 닮은 사람들이 의외로 많다. 생각이나 가치관 등 서로 닮은 부분이 많은 상대방을 만나면 유사성의 원리에 의해 호감이 일기도 한다. 하지만 살다보면 나와 생각이나 가치관이 다른 사람을 만나기도 한다. 자신과 생각이나 가치관이 다르다고 해서 그를 배척한다면 상대방의 공감을 이끌어낼 수 없을 것이다. 다른 사람이 가진 다른 점을 이해하고 또 정당한 평가를 내려야 다른 사람의 지지를 얻을 수 있다. 주변에 무조건적 예스맨이 아닌 실력 있는 참모가 많을 때 일을 훌륭하게 수행할 수 있다. 그래야만 집단사고의 위험성도 막을 수 있게 된다.

극한적인 상황은
사람의 분발을 촉구한다

한 마리의 개구리가 진창길에 빠졌다. 그런데 아무리 애를 써도 나올 수가 없었다. 그는 계속해서 노력했지만 아무 소용이 없었다. 그의 사정을 알게 된 그의 친구들이 그를 도와주려고 할 수 있는 일을 다 했다. 하지만 마찬가지였다. 그렇게 시간이 흐르고 어느새 어둠이 깔리기 시작했다. 친구들은 그를 포기한 채 운명에 맡기기로 했다. 다음날 그의 친구들은 그가 죽었으리라고 생각했다. 시체라도 거둬주려고 그 장소를 찾아갔다. 그러나 그들이 도착했을 때 그는 주위를 펄쩍펄쩍 뛰어다니고 있었다. 그들은 너무 놀라서 물었다.

"어떻게 된 거야? 어떻게 바퀴 자국에서 빠져나왔지? 이건 기적이야, 기적!"

그러자 그 개구리가 대답했다.

"별거 아니야. 저 멀리서 트럭이 오길래 나는 나올 수밖에 없었어."

양자택일兩者擇一은 절망의 순간에서 다시 재기할 수 있는 자신감을 준다. 기복이 없는 영광이란 값어치도 없다. 고통 없이 얻어진 기쁨은 그리 즐거운 것이 아니다. 살다 보면 누구나 인생의 시련을 맞이하게 된다. 한 고개를 넘어서면 또 다른 고개가 기다린다. 그것이 인생이다. 이를 극복하지 못하고 좌절하는 사람은 인생의 뒤안길을 헤맬 뿐이다. 불행한 사람의 특징은 그것이 곧 불행한 것인 줄 알면서도 그쪽으로 간다는 점이다.

링컨은 이렇게 말했다. "우리 앞에는 불행과 행복이라는 두 가닥의 갈림길이 있다. 우리 자신은 이 두 갈래의 길 중에서 어느 한 길을 택하지 않으면 안 된다." 누구든지 자기가 가는 길이 불행한 길이라는 사실을 정확히 알 수 없다. 영감적으로 불행할지도 모른다는 그런 기우杞憂 정도는 가질 수 있으나 어떤 길을 갈 것인가를 선택하기란 실로 어렵다. 그러나 우리들 주변에서 실의에 빠져 있는 사람들은 삶과 죽음의 통로를 방황할 뿐 자기 스스로 뭔가를 결정짓지 못한다. 낙망하고 실의에 빠진 상황에서 벗어나려면 스스로 결단력을 가져야 한다.

칭찬은 사람을 움직이는 '엔터테이너'이다

    질책과 비교보다는 이해와 사랑, 위로와 격려가 사람의 마음을 감동시킨다. 작은 일에도 칭찬을 아끼지 않는 현명한 부모는 자녀를 건강하게 만든다. 누구나 자신을 칭찬해 주는 사람을 싫어하지 않는다. 상대에게 베풀고 싶은데 가진 것이 없다면 상대방의 장점을 찾아 칭찬하라.

    춘추시대 말기의 일이다. 지금으로부터 2,400여 년 전 진나라에 '여양'이라는 사람이 있었다. 그는 처음에 범 씨, 중행 씨 밑에서 일하였다. 하지만 아무리 시간이 흘러도 그에게는 중요한 직책이 맡겨지지 않았다. 그러나 후에 '지백'이라는 사람을 섬기게 되었을 때 그는 그의 신임을 받았다. 지백은 진나라를 독차지하고 싶어 했는데 그와 대립하는 조양자를 쳤으나 오히려 그가 목숨을 잃었다. 그리하여 여양은 산속으로 도망치며 말했다. "선비는 자기를 알아주는 사람을 위해서 목숨을 버리고, 여자는 자기를 기쁘게 하는 사람을 위해서 단장을 한다. 나는 지백의 원수를 갚아야 한다." 이런 말로써 맹세하였다고 한다.

상대방을 이해하고 인정해 주는 것이야말로 사람의 마음을 사로잡는 첫걸음이라는 사실을 알아야 한다. 일상생활에서 "자기의 장점을 자랑하지 말고 남의 단점을 평하지 말라."는 말의 실천이 중요하다. 모든 분쟁과 갈등은 자기를 과시하거나 남을 비난하는 데서 비롯되는 만큼 이 말은 어떤 지위에 있는 사람이라도 꼭 지켜야 할 것이다.

사람은 누구나 장점과 단점을 동시에 지니고 있다. 좋은 인간관계를 쌓아 올리기 위해서는 상대를 신뢰하고 인정해야 자기도 신뢰와 인정을 받는다. 아무리 조그마한 일이라도 그 사람이 갖추고 있는 아름다운 것, 장점 등을 인정해 주고 적절한 찬사를 베풀어주는 것처럼 그 사람을 즐겁게 해주는 일이 없다.

인간의 가장 기본적인 욕구 중의 하나는 다른 사람들에게 인정을 받는 일이다. 아무리 잘난 사람이라도 칭찬 받기를 싫어하는 사람은 없고, 칭찬해 준 사람을 나쁘게 생각할 리 없다.

우리 원에 나오는 학생 중에 민식이라는 학생이 있다. 그 녀석은 나를 찾아다니며 인사를 서너 번 한다. "선생님 안녕하세요?" "선생님 저 왔어요" 혹시나 선생님이 자기가 인사하는 것을 확인치 못하지나

않았을까 염려하는 마음으로 확실하게 인사를 받아 줄 때까지 찾아다니며 인사하는 녀석에게 "내 자랑스런 제자 민식이구나! 너희들도 민식이를 본받아야 돼!"라고 말하며 추켜세우곤 한다. 그러면 그 녀석은 입이 함박만해진다. 민식이는 당연히 그날 수업에도 가장 적극적인 자세로 임한다. 이처럼 사람은 자기를 추켜세워 주는 일은 마다하지 않는다. 칭찬은 고래도 춤추게 한다고 하지 않는가.

한 심리학자가 미국 초등학교에서 지능지수 검사를 한 후 학업성취 가능성이 있다며 거짓으로 결과를 나누어 준 뒤 8개월 후에 다시 검사하니 학업성적이 많이 향상되었다고 한다. 이것은 선생님의 믿음과 칭찬이 잠재능력을 키우고 자신감을 불러일으킨다는 증거이다. 삶의 질은 사람과 사람 사이에서 싹트는 것이다. 어쩌면 이처럼 서로 간의 칭찬이 삶의 질을 높여 가는 것은 아닐까. 우리가 가장 듣고 싶은 말은 '예쁘다' '멋지게 산다' '의리가 있다' '사랑한다' '당신은 꼭 그 자리에 필요한 사람이다' '건강하군요' 등이고, 가장 듣기 싫은 말은 '싸가지가 없다' '실패했다' '능력이 그것밖에 안 되나?' '공부해라' '나이 많이 들어 보인다' 등이다. 사실 듣기 좋은 말은 칭찬이고 듣기 싫은 말은 '비방'이다.

모든 사람들은 어떤 얘기를 할 때 긍정적으로 말해주길 바란다. 비교하는 말은 싫어하고, 인정해주는 말은 듣기 좋아한다. 그러나 말이란 'ㅏ' 다르고 'ㅓ' 다른 법이다. 머리숱이 없는 대머리 사람에게 이발사가 '어! 머리가 저번보다 많이 났네요?'라고 말한다면 좋을 것도 같다만 실상은 기분이 상하고 만다. 거짓된 과장이기 때문이다. 사람은 본능적으로 싫은 소리를 듣기 싫어한다. 칭찬을 하면 호감으로 돌아오고, 남의 장점을 이야기하면 자신감이 더욱 불어난다. 서로를 칭찬하면 타인을 인정하는 사회, 서로 배려하는 사회로 웃음이 넘칠 것이다. 부모는 자식에게, 자식은 부모에게 서로 신뢰를 갖게 될 것이다. 칭찬을 받으면 엔돌핀이 생긴다. 웃을 때도 마찬가지이다.

나폴레옹의 일화 중에 이런 것이 있다. 어떤 손님이 나폴레옹을 칭찬하니 한 참모가 '우리 장군님은 칭찬 듣는 것을 싫어합니다'고 하였다. 그러니 나폴레옹이 벙긋이 웃었다고 한다. 그것도 나폴레옹의 성격을 칭찬한 것이다. 찡그리면 아드레날린이 생성되어 늙는다. 우리나라 삶은 칭찬에 인색하다. "밝아 보여요" "멋있어 보여요" 등 남에게 칭찬을 해라. 성경의 마태복음에 "남에게 받고자 하는 대로 남에게 베풀어라(대접하라)"라는 말이 있다. 『논어』에서 보면 자공이 공자에게 '일생을 살아가는 데 꼭 필요한 말이 있습니까?' 하고 묻는다. 공자가 대답하기를 '그것은 용서할 서恕이다'라고 하였다. 또 '너가 하고 싶지 않는 일을 남에게 시키지 말라'라고 하였다.

인색한 이유들을 들어보면 다음과 같다. ①표현력의 부족 ②유교적 사상—자기 표시를 하지 않고 무게만 잡는다. ③습관적 ④칭찬보다 책망하는 교육 ⑤먹고살기 힘드니까 마음을 열지 않는다. 거기에다 명심보감 등의 교육서에 언어생활에 대한 가르침이 나오는데 말을 '조심하라' '말을 적게 하라' 라는 경구를 생활화하다 보니 말 자체가 어려운 것이 되고 그러한 환경에 젖어들어 버렸다.

칭찬과 관심, 격려가 삶을 부드럽게 하고 자신감을 준다. 칭찬하는 습관을 길러라. 칭찬도 습관이다. 칭찬이 몸에 배이도록 하라.

효과적 칭찬 방법은 역시 이름을 부르고 구체적으로 칭찬하는 것이다. '○○○ 씨는 좋은 사람이네요' 보다 '○○○ 씨는 말씀을 조리 있게 하네요' 등등의 말로 칭찬한다. 지나치지 않도록 칭찬한다. 못하면 도리어 역효과가 난다. 그리고 이왕이면 다홍치마라고 따뜻한 말로 칭찬하는 것이 좋다. 노자는 '진실한 말은 아름답지 않고, 아름다운 말은 미덥지 않다'라고 하였다. 교묘하게 남을 속이는 말로 희롱하지 말라는 것이다. 얼굴의 표정에서 우러나오는 인격을 생각하라. 남을 격려하고, 의욕을 북돋우는 칭찬을 아끼지 말아야 한다.

그렇다면 사람을 바꾸는 기적을 일으키는 칭찬 방식에는 어떤 것들이 있을까.

소유가 아닌 재능을 칭찬하라

"넥타이가 참 멋있네요."보다 "역시 패션 감각이 탁월하시네요."가 낫다. 사람들이 원하는 것은 인정이다. 인정받는 순간 둔재도 천재가 된다.

결과보다는 과정을 칭찬하라

'일등했다면서요'보다 '얼마나 많은 노력을 했겠어요'가 낫다. '올라온 높이'보다 '헤쳐 나온 깊이'를 바라보라. 가치를 높여라.

타고난 재능보다는 의지를 칭찬하라

'머리 하나는 타고 태어났네요'보다 '그 성실성을 누가 따라가겠어요'가 낫다. 원석도 다듬어야 보석이 된다. 혼을 자극하라.

나중보다는 즉시 칭찬하라

'참, 지난번에' 하는 것보다 '오늘…'이라는 말로 시작되는 칭찬 한 번이 낫다. 칭찬은 머리에서 하고 꼬리에서 하지 마라. 철 지난 옷처럼 어색할 뿐이다.

큰 것보다 작은 것을 칭찬하라

리액션을 하라. '음!' '와!' 'wow!' 등의 반응은 관계에서 위력을 발휘한다. 물 한 방울이 모여 큰 강을 이룬다. 홈런만 치려다 헛방망이질만 하게 된다.

애매모호한 것보다 구체적으로 칭찬하라

'참 좋은데요'보다 '~한 것이 이 봄에 참 어울리는걸요'가 낫다. 추상적인 이야기는 귀신도 못 알아듣는다. 상황을 구체적으로 적시하라.

공개적으로 칭찬하라

혼자보다는 적어도 셋 이상의 자리가 낫다. 칭찬의 효율을 높여라. 특히 칭찬의 대상자가 없을 때 남긴 칭찬은 그 가치가 더더욱 빛난다.

말로만 그치지 말고 보상으로 칭찬하라

'잘했으니 한턱 쏘세요.'보다 '잘했으니 내가 한턱 쏠게요'가 낫다. 그리고 쏘아라. 선물도 있으면 금상첨화다. 언어적 수단에만 머물지 않고 물질적 보상이 따르는 순간 칭찬은 명품이 된다.

'나'를 주어로 칭찬하라

'참 좋으시겠어요'보다 '제가 가슴이 벅차더라니까요'가 낫다. '누구도 못 따라가겠어요'를 '덕분에 제가 많이 배웁니다'로 바꾸어 보라. 관계의 끈을 만들어라. 그리고 진짜 배워라.

칭찬은 고래도 춤추게 한다

그리고 마음 속 깊이 우러나오는 진실이 있어야 한다. 진심으로 칭찬해라! 모든 이는 그 진심을 느낀다. 진심이 부재한 칭찬은 입바른 소리가 되어버린다. 그래도 칭찬하라. 칭찬하는 습관이 들면 입바른 소리를 하더라도 진실이 싹튼다.

자력성(磁力性)의 원리

우주 안의 모든 물질은 서로가 서로를 끌어당기는 자력성의 원리에 의해서 움직이고 있다.

자력성의 원리는 주위에 '자장'을 만들어서 같은 것끼리는 서로가 서로를 끌어당기고 성질이 다른 것은 서로가 서로를 배척한다. 사람이 어떤 생각을 하면 그 생각이 육체에 화학적인 반응을 일으킨다. 우리 세포 내에 입력된 기氣가 자력성을 갖게 되고, 이 자력성에 의해 사람의 몸에서 파장을 발생시킨다. 아무리 사나운 동물도 두려워하지만 않으면 사람을 공격하지 않는다고 한다.

그러나 사람이 두려워하고 공포감을 느낄 때 맹수는 그 감정의 파장을 알아차리고 사람에게 덤벼든다는 것은 박물학자들에게 다 알려진 사실이다. 이렇듯 자장 에너지는 자신도 모르는 사이 방출되어 자기 자신과 사람들에게 영향을 주고 있다.

사람을 처음 만나도 괜스레 '자식 되게 밥맛 없게 생겼다.'라고 부정적으로 예언한다면 두 사람의 관계는 좋아질 리가 없다. 얼굴엔 미소를 지으면서도 속으론 두고 보자는 식으로 곱씹고 있다면 상대의 마음에 호감이나 신뢰를 줄 수 없다. 사회를 살아가면서 호감 가는 사람을 만나 그 사람을 당신의 사람으로 만들고 싶다면 먼저 당신의 마음에 상대방에게 호감을 줄 수 있는 감정을 심어야 한다. 그러면 그 감정의 파장이 상대방의 마음에 공명을 일으켜 진솔한 교제를 나눌 수 있게 된다. 그러나 마음 한구석에서 의심의 눈초리로 경계하고 경쟁적인 자세로 교제를 시작한다면 결국 상대방은 당신에게서 나오는 파장을 전달받아 교제가 진전되지 않는다. 진정 상대방과 가깝게 지내고 싶다면 긍정적이고 적극적인 텔레파시를 보내야 한다.

후배와 술을 마시고 거나하게 취한 맹구가 느지막이 전철을 타고 집으로 가고 있었다. 늘 그렇듯 전철 안에는 꾸벅꾸벅 조는 사람, 신문 보는 사람, 음악 듣는 사람 등 별의별 사람이 다 있었다. 그런데 옆에 앉아있던 아저씨가 휴대폰을 쓱 꺼내더니 다짜고짜 전화기에 대고 큰 소리로 이렇게 외치는 것이었다.

"이 자식아~"

사람들의 시선은 순간 그 아저씨에게 집중됐고 '뭐, 저런 사람이 다 있어?'라는 눈빛으로 그를 훑어보기 시작했다. 그런데 잠시 후 목소리가 180도 바뀐 아저씨의 말 한마디,

"아~! 부장님, 접니다. 이맹구 과장입니다~!"

그 휴대폰은 음성인식 휴대폰이었던 것이다. 직장상사인 '부장'의 이름이 그의 주소록에는 '이 자식'이라는 이름으로 저장되어 있었던 모양이다.

당신이 사랑하는 사람이 있으면 그 사람을 향해서 염력(念力)을 보내라. "나는 당신을 사랑한다. 머지않아 당신도 나를 사랑하게 될 것이다." 반대로 불안의 감정, 두려움의 감정, 미움, 분노의 감정을 품고 상대를 만나 보라. 만나서 한마디의 말도 하지 않고 그냥 곁에 있다가 나와도 당신이 품었던 감정의 파장은 이미 상대방에게 전달되어 상대도 그와 같은 감정을 느끼게 된다. 모든 것은 나로부터 출발하여 나에게 다시 돌아온다.

제2장

행복을 위한
첫 걸음

소통의 시작, 인연

어느 날 신문을 읽고 있었는데 아내가 내게 다가와 물었다. "자기 나랑 결혼하기 전에 사랑하던 사람 있었어? 솔직히 말해줘."

내가 대답했다.

"그럼 있었지."

그랬더니 아내가 말했다.

"저…정말? 사랑했어?"

"흠! 그러엄~ 엄청 사랑했지~"

그렇게 대답하자 아내가 열이 받았는지 상기된 목소리로 말했다.

"그, 그럼 뽀뽀도 해봤어?"

"그럼, 해봤지….."

"그럼 그 여자를 아직도 사랑해?"

"그럼~ 당연하지. 첫사랑인데."

얼굴이 노래진 아내가 이빨을 갈며 크게 말했다.

"그럼 그년하고 결혼하지 그랬어?"

나는 껄껄거리며 아내에게 대답을 했다.

"그년이 당신이라고."

어쩌다가 어른이 되었고, 어쩌다가 글을 쓰게 되었다. 38권의 책을 쓴 저술가, 3천여 회에 걸쳐 강의를 하는 강연가가 되었다. '어쩌다가'라는 말이 이처럼 사람 잡는다(?). 작은 행동이 모여 큰일을 해내고야 만다. 이게 세상살이 이치인가 보다. 어느 한구석에서 일어난 나비의 날갯짓이 뉴욕에 태풍을 일으킬 수 있다는 '나비 효과Butterfly effect' 이론처럼 말이다. 또 억지로 해서 되는 일이란 없다. 세상의 모든 일은 순리적으로 풀어가야 한다.

오늘 송미자 예술단과 소통으로 세상을 리드하는 윤치영 화술박사의 만남도 그렇지 않을까. 송미자 뮤지션과의 만남도 벌써 15~16년 전의 일이다. 송미자 뮤지션은 현재 윤치영 화술박사가 애지중지하는 'YCY교육그룹'의 홍보대사가 되어 나와 함께 손잡고 협력해 가고 있다. 작은 것들이 모여 크고 위대한 결과, 즉 훌륭한 성과를 가져오는 것이 아니겠는가?

송미자 뮤지션을 뵈면 '어쩌면 저렇게 시원시원하고 막힘이 없을까?'하는 생각을 하게 된다. 젊은 남성들에게 이상적인 여성상을 물으면 첫째도 미모, 둘째도 미모, 셋째도 미모라고 답한다. 나이를 먹다

보니 인물보다 중요한 것이 바로 성격이란 사실을 알게 된다. 그렇다고 송미자 뮤지션의 인물이 빠진다는 얘기는 결코 아니다. 성격이 좋아야 한다는 말을 하고 싶은 것이다. 언제든 긍정적이며 적극적인 성격이 참 좋다. 그러다 보면 안 될 일도 술술 풀리고 만사가 형통해진다.

필자는 화술박사라는 이름으로 강의하고 책을 쓴다. 필자가 쓰는 책 내용의 주된 키워드가 '행복', '소통', '공감'이다. '통즉불통通卽不通 불통즉통不通卽通'라는 말이 있는데 이는 허준의 『동의보감』에 나오는 말로 통通하면 아프지 않고 통하지 않으면 아프다는 뜻이다. 어디 우리의 몸뿐이겠는가. 사람과 사람관계는 말할 것도 없고 정치나 사회 어느 곳에서나 절실히 필요로 하는 것이 바로 소통이 아니겠는가? 필자가 외부 강의를 나가면 보통 90분에서 3시간짜리 강의를 한다. 헌데 오늘은 20분 만에 풀어내야 할 스팟강의가 있었다. 강의의 핵심 키워드도 역시 '행복', '소통', '공감'이다. 당신은 지금 행복한가? 당신의 소통, 공감지수는 어느 정도인가?

직장에서 한 과장님이 직원들 앞에서 말했다. "나는 밤마다 아내에게 봉사하는데 지겨워 죽겠어. 중노동이거든." 과장이 자리를 뜨자 부하 직원끼리 말을 주고받는다. "그렇게 힘든 중노동이라면 우리에게 시키지 과장님이 하시겠어…."

맞는 말이다. 막심 고리키는 이렇게 말했다. '일이 즐거우면 인생은 천국이요, 일이 고통스러우면 인생은 지옥이다'라고 말이다. 재미

있고 즐겁게 일하라. 그러면 행복한 인생이 될 것이다. YCY홍보대사께서 이끄는 '송락예술단'이 있다. '송락예술단'이라는 이름에는 즐거울 '락樂'이라는 글자가 들어간다. 사람들은 즐겁게 살기를 바란다. 하지만 현실은 근심, 걱정, 스트레스, 화로 얼룩진 시간을 보내기 일쑤다. 어떡하면 즐겁게 일하고 즐겁게 생활할 수 있을까. 이 질문을 주제로 스팟강의를 하고자 한다.

즐겁고 행복하게 사는 법은 무엇일까? 그 해법을 나사NASA만의 독특한 인사관리HR에서 찾아보고자 한다. 미국 항공우주국NASA은 미 연방정부의 대형 기관(19개) 중에서 직원만족도가 가장 높은 곳으로 꼽힌다. 올해까지 6년째 1위를 차지하고 있다. 부동의 1위를 차지할 수 있었던 비결은 바로 사내 분위기에 있다. '몰입, 포용, 혁신'. 그것이 바로 사내가 지켜가야 할 핵심어인 것이다. 즐거운 일터, 행복한 삶의 터전을 만들기 위해 우리는 몰입과 포용, 혁신을 적용할 필요가 있다.

소통과 공감의 중요성

　사람들이 식사를 마친 후 서로에게 건네는 인사말이 있다. "많이 먹었니?", "맛있었니?", "기분 좋았니?", "행복했었니?"가 바로 그것이다. 상류층으로 갈수록 물질적인 충족감에서 벗어나 기분과 태도 등 정신적인 충족감을 추구하는 경향이 강해진다. 물질도 행복의 중요한 요소이기는 하나 어느 수준의 물질을 충족시킨 이후에는 결코 물질의 증대만으로 행복을 이룰 수는 없다.

　행복은 인간의 감정 상태를 표현하는 말이다. 이는 인간관계에서 얼마나 소통이 원활하며 공감이 이루어지는가에 따라 좌우되는 요소다.

　"취업은 했나?", "결혼은 안 할 거니?", "사업은 잘돼?" 마치 추궁하는 듯한 이런 인사말들은 건네는 사람의 의도가 어떠하든 간에 받아들이는 사람에게는 상당한 스트레스를 양산한다. 구체적인 대안이나 해결책을 내놓을 때가 아니라면 가급적 이런 질문은 하지 않는 게 서로에게 좋다.

"요즘 건강은 좋으시죠?", "요즘 사시는 재미가 어떻습니까?", '윗사람이 아랫사람에게 건넬 때 특히 효과가 좋다. 물론 단순히 "재밌니?" 하는 물음도 좋다. "요즘 어때, 재밌니?" 등으로 분위기에 맞게 다양하게 변화시켜 사용해도 좋다.

소통과 공감이 잘되는 조직일수록 웃음꽃이 핀다. 대화가 단절되고 공감이 적은 조직일수록 분위기가 얼음장 같다. 인간관계의 기본은 공감이다.

공감능력을 기르고 또 대화하는 상대방과의 공감도를 높이기 위해서는 '무엇/뭘what-', '왜why-' '언제when-' 형식으로 심리적 긴장감을 초래하는 대화법보다는 '어때/어떻니?how-'의 형식으로 상대방의 감정을 존중하는 대화법이 좋다. 비슷한 인사말이라도 '요즘 뭐what하고 지내니?'보다는 '요즘 어떻게how 지내니?'가 훨씬 부드럽고 공감도를 높일 수 있는 대화법이다. 이건 가족뿐만 아니라 사회생활에도 좋고 개개인의 인격함양을 위해서도 좋은 방법이다.

공감 능력은 상대방이 느끼는 감정을 그대로 느낄 수 있는 능력을 말한다. 다른 사람이 즐거워하면 자신도 즐거워하고, 다른 사람이 아파하면 자신도 아파할 수 있는 능력이다. 심리학자들에 의하면 성폭행, 어린이 유괴, 살인 등의 잔인한 범죄를 저지르는 사람들의 공통점은 공감능력이 부족하기 때문이라고 한다. 피해자들이 느끼는 고통을 스스로 느끼지 못하기 때문에 연쇄적으로 범죄를 저지르게 된다는 것이다.

공감능력을 키우는 방법으로는 상대방의 입장에서 그의 관점과 동기 혹은 욕구를 이해해보는 훈련을 하는 것이다. 혼자서 역할 놀이를 해보는 것도 좋은 방법 중의 하나이다. 상대방의 역할을 직접 해봄으로써 상대방이 느끼는 감정을 조금씩 느낄 수 있게 되어 공감능력이 점차 회복되는 것이다. 또한 TV에서나 실생활에서 기쁨과 슬픔 등의 장면을 대할 때 그냥 지나치지 않고 그 감정에 오래 머무르며 그 감정을 느끼는 연습을 하다보면 감정이 조금씩 살아나게 된다.

상대방이 말을 할 때 '예, 그렇군요.' '그러시겠어요.' '그런 어려움이 있었군요.' 등의 공감적 의사소통을 하는 것도 공감능력을 키우는 데 큰 도움이 된다. 마음이 변화될 때 행동이 바뀌기도 하지만 말 등의 행동이 변할 때 마음이 바뀌기도 하기 때문이다.

'공감'이란 타인의 감정에 대해 '아, 그 기분을 알겠다.' 이런 말을 전하면서 기분을 서로 나누는 것을 말한다. 원만한 인간관계를 위해서는 이처럼 타인의 말을 잘 들어주는 것이 상당히 중요하다. 자기의 이야기로 섣불리 가져와버리는 것도 좋지 않다. 오로지 그 사람의 입장에서 말하고 들어줄 때에야 비로소 상대는 마음의 문을 열고 받아들일 수 있게 된다.

"나에 비하면 너는 낫네."라는 말은 상대방이 듣기 좋으라는 의미에서 건네는 말이다. 그런 의미에서 볼 때 이와 같은 말은 사실은 철저히 자기 본위에게 나오는 말이라고 볼 수 있다. 상대방의 말을 반복해서 듣는 것은 공감의 또 한 가지 방법이다. 상대방이 자신의 말을 경청하고 있다는 사실을 느끼면 그 사람은 신이 나서 자기 얘기를 더욱 진솔하게 풀어낼 것이다. 낯을 많이 가리는 사람에게는 거리를 두는 것도 한 방법이다. 먼저 상대방의 기분을 이해해야 한다. 그러나 무조건적인 긍정적 사고는 상대방에게 반감을 줄 수 있다. 우선은 상대방의 기분을 인정하고 이해한다는 것을 인지하고 '나는 잘 모르지만 그렇구나'라고 공감 표현법을 쓰는 것이 좋다.

기대감이 사람을 끌리게 한다

사람들의 가슴에 기대라는 씨앗을 계속 뿌려 놓아야 한다. 뛰어난 재능을 발휘하면 그것을 지켜보는 사람들의 마음은 기대감으로 부풀어 오른다. 진귀하고 놀라운 일을 하면 더욱 훌륭한 업적을 올리게 되리라는 기대감을 품게 되는 법이다. 기대감을 계속 가지게 하는 요령은 힘(능력)을 때에 따라 조절하고, 지식을 조금씩 내놓아 성공을 향하여 한 걸음 한 걸음 나아갈 일이다.

아무리 아름다워도 매력이 없는 것이 있으며, 매력의 정도는 사람에 따라 다르다. 아름다움이란 상호적 관계 및 전체에 대한 관계의 질서이다. 또는 조화와 평균을 갖춘 것이 아름다움이다. 아름다운 것은 누가 보아도 아름답다는 일반성을 가지지만, 매력은 어디까지나 주관적인 것으로서 보는 사람의 느낌에 따라 결정된다.

일반적으로 개성미라는 말은 그 개성에서 매력을 발견할 수 있다는 뜻이다. 개성적인 생활 방식을 통해 자기가 지닌 좋은 점을 독특한 형태로 보여 줌으로써 다른 사람에게 매력을 줄 수 있다. 정치가 윈스터 처칠, 작가 앙드레 지드, 배우 찰리 채플린은 모두 개성적인 매력을 지니고 있다. 그것은 본래 지니고 있던 매력이 아니라 만들어진 매력이다. 아름다움은 모양으로 결정되지만, 매력은 느낌을 갖게 하는 상태나 동작에서 결정된다. 때에 따라서는 불완전함이 오히려 매력이 되는 경우도 있다. 아름다움이란 완전함과 균형을 갖춰야 하는데, 불완전성에서 매력을 발견할 수 있는 것은 고정된 완전성을 깨는 불완전성이 오히려 매력적으로 보인다는 말이 된다.

새로운 것은 언제나 매력이 있다. 유행도 지나면 어느새 매력이 없어 보인다. 많은 사람들이 그것을 갖거나 입으면 새로운 맛이 사라져 매력이 없어 보인다. 처음에는 색다른 점이 있어 자랑거리가 되지만, 많은 사람이 모방해 일반화되면 그것은 매력을 잃는다.

사람들은 자신을 긍정적으로 평가해 주거나 자신의 능력을 인정해 주는 사람들을 좋아하며, 경제적, 심리적으로 도움을 받을 수 있는 사람들에게 매력을 느끼고, 사람들은 관계에서 얻는 이익과 손실을 계산해서 이익이 있을 때 상대방에게 호감을 갖는다고 하며 어떤 다른 사람과의 관계에 비해 지금의 관계가 더 이익이라고 판단할 때 더 매력적이라고 평가한다. 그리고 사람들은 좋은 경험과 관계되는 사람들을 좋아하고 나쁜 경험과 관계되는 사람들을 싫어하는 경향이 있다.

남의 시선을 끌기 위해서는 사람이 좋다거나 친절하다는 식의 장점도 중요하지만 그것만으로는 부족하다. 인간으로서의 매력은 역시 개성에 있다. 하지만 개성만이 있다고 해서 반드시 매력적이라고 할수는 없다. 개성이 지나쳐도 곤란하다. 다른 사람이 보아서 바람직하지 않다고 생각되는 것은 매력이 아니다. 그러니까 즉, 다른 사람이 열린 마음으로 기꺼이 받아들이려는 그 무엇이 있어야만 그 사람을 두고 매력적이라고 할 수 있는 것이다.

항상 변함없는 매력을 지속해 가기 위해서라면 만나면 반드시 뭔가 자극을 주는 것이 필요하다. 그것은 자기다운 삶을 열심히 추구해서 점점 새로운 테마에 도전하는 사람이어야 하는 점이다. 즉 당신 자신의 인생에 맞붙는 재미가 무엇보다도 중요하다. 그것은 자기다운 삶의 방식으로 자기가 소속한 분야에서 최선을 다해서 살아가는 것이다. 자기 일에 최선을 다하는 것만큼 아름답고 당당해 보이는 일이 없기 때문이다. 사람들은 누구나 당당한 이에게 끌리기 마련이다.

당신은 어떤 면을 가진 사람에게 매혹되는 것일까? 확실한 것은 당신이 흥미를 느끼는 상대도 당신에게 흥미가 있다는 사실이다. 무엇보다 당신이 먼저 대화하기 쉬운 사람이라는 사실을 상대에게 인식시켜 놓을 필요가 있다. 이 사람이라면 내 말을 들어줄 것 같다는 생각이 들게 하는 것이다. 그러기 위해서는 능숙한 낚시꾼이 먹이를 뿌려서 고기를 부르는 것과 같이 상대의 욕망을 자극하는 미끼를 준비하지 않으면 안 된다. 상대방의 취미나 종교, 전문 분야에 대한 관심, 최근의 관심사 혹은 뉴스거리 등이 그것이다. 교제라는 것은 개성과 개성의 만남이므로 당신의 개성이 극히 빈약한 것이라면 언제까지나 상대를 매혹시키는 힘을 가질 수 없기 때문이다. 그렇다면 강한 개성이란 어떤 방식으로 몸에 익히면 되는 것일까? 이러한 고민이 이루어져야만 한다. 그래야 보다 발전할 수 있다. 하지만 일부 사람들은 이러한 지각과 고민도 없이 그저 외형에만 집착하기도 한다. 자신에게 개성이 있다는 것은 눈치채지 못한 채로 외형만을 멋있게 보이고 싶어 하는 사람들이 많다. 외형을 멋지게 꾸민다고 하더라도 지각 있는 사람에게는 본모습을 쉽게 들키고 말 것이다. 도금이 벗겨지는 건 한 순간이다. 그렇기 때문에 당신 자신 속에서 진실의 개성을 발견하고 그것을 길러 가는 것이 좋다. 먼저 당신의 장점을 찾아내서 그 장점이 자신의 특징이 될 수 있도록 길러 나가는 것이다. 그 장점을 다른 사람보다 조금 눈에 띌 정도로 기르는 것만으로도 상대는 그 노력에 경의를 표하고 당신을 매력 있는 사람이라고 느끼게 될 것이다.

매력은 불타는 야망에서 나온다. 행동을 수반한 집중력이야말로 사람들을 끌어당기는 자석인 것이다. 집중력이 이처럼 뛰어난 사람은 사람들의 주의를 끌려고 강제하지 않아도 된다. 그들은 자기가 하는 일에 매우 열중하고 있다. 마치 모래사장에서 모래성을 쌓는 아이처럼 말이다. 그런 아이의 집중력은 다른 사람들로 하여금 집중하게 만든다. 영국의 석학 버트런드 러셀은 일생에 75권의 저서를 남겼다. 그가 성공한 이유는 바로 '불타는 야망'이 있었기 때문이다. 사람에게는 불타는 야망의 모습이 필요하다. 그것은 사람에게 필요한 카리스마의 중요한 부분을 형성하기 때문이다. 야망이 없는 사람, 야망이 없는 조직은 생명력과 미래가 없다. 그렇다고 아침마다 구호로 외치거나, 일하는 순간마다 열광적일 필요는 없다. 사람은 조용한 가운데 야망의 실현을 효율적으로 이끌어 가야 한다. 인간과의 만남을 너무 쉽게 생각해서도, 무서워해서도 안 된다. 젊은 사람이라면 젊은 사람답게 미지의 사람과의 만남에 큰 관심을 갖고 조절해 가야 할 것이다. 항상 똑같은 인물만을 만난다면 안일함에 익숙해져서 충격에 대응할 탄력까지 잃게 되는 것이다. 도전하는 마음을 가진 사람은 항상 내일을 생각한다. 앞을 보고 있기 때문에 과거를 돌아볼 여유가 없다. 교제의 범위를 넓힌다면 그만큼 자기 자신에게 도전하는 마음을 불태워라. 그래야만 당신의 매력이 변하지 않는다.

그저 현상유지에 급급해서 매일 타성적으로 보내는 사람은 결국에는 사회의 그늘진 곳에서 도태되어 버린다. 후회하지 않도록 신중하게 행동하는 것도 살아가는 한 방법이다. 하지만 너무 소극적인 삶에 치우치는 것은 아닐까, 하는 생각도 들 것이다. 그렇기에 오히려 후회하고 난 다음에 앞을 내다보고 반성해 가는 편이 얻는 것도 크다는 사실을 되새기는 것이 좋다. 일상생활을 함에 있어서도 여러 가지 후회를 반복하면서 강하게 살아간다면 지금보다도 훨씬 인간적으로 성장해 갈 수 있는 것이다. 그러므로 어떤 문제라도 먼저 도전해 봐야 할 것이다. 그것이 성장하는 사람이 사는 방식이다. 만약 대응에 실패했을 때에는 천천히 반성해서 체득한 지혜를 다음 단계로 활용해 간다. 해보지 않으면 절대로 몰랐을 현실의 엄하고 매운 맛을 안 것만으로도 커다란 진보인 것이다.

끌림의 두 가지 조건, '신뢰', '배려'

능력은 최고의 신뢰를 준다. 산을 오를 때는 산을 잘 아는 사람, 외국 여행을 할 때는 외국어 구사능력이 유창한 사람, 사업상 동업자라면 자금력이나 경험이 많은 사람 등 능력 있는 사람과 같이 하면 든든하다.

능력이란 자기가 몸소 알리고 드러내는 것이지, 누가 알아줄 때까지 기다렸다가는 영원히 발휘할 수 없다. 의욕과 야망이 있다 하더라도 능력이 없다면 영향력을 발휘할 수 없다. 사람은 스스로 자기 개발과 능력 배양을 위해서 부단히 노력하고 스스로에게 투자해야만 한다. 필요한 전문 지식과 상식을 섭렵하기 위해 책을 가까이하고 강연이나 세미나에도 기회가 있을 때마다 적극적으로 참가해야 한다.

'난 복잡한 것을 생각하기가 싫다. 그저 땀 흘리는 일이나 몸으로 때우는 일이라면 맡겨 달라'고 생각하는 자가 있는가. 그런 자라면 아무리 생각해도 지도자가 되기란 무리라고 여겨진다. 골프를 배울 때의 상황을 떠올려 보자. 누구라고 하더라도 1,000시간만 치면 골프 치는 기본기 정도는 갖출 수 있을 것이다. 모든 스포츠가 다 그런 것처럼 아무리 재주가 없는 사람이라도 열심히 하면 어느 정도에는 도달할 수 있다. 초일류가 되기에는 무리지만 너무 어설퍼서 남이 보아 민망하지 않을 정도로는 무엇이든지 해낼 수 있다. 제트 항공기가 급격히 상승할 때는 2초 사이에 11개 정도의 기계 장치를 조작 점검해야 한다고 한다. 제트항공기의 속도 5분의 1 정도에 해당하는 속력을 가진 청룡 열차. 청룡 열차 같은 급회전 급상승하는 열차 놀이에서도 사진을 찍어 보면 중력에 못 이겨 얼굴의 근육이 축 늘어지는 등 일그러져 있는 것을 볼 수 있다. 그 2초가량의 급상승에서 우리 같은 어느 사람은 반실신 상태가 아니면 토하기 일쑤다. 그런 가운데 여남은 개의 기계 조작이나 점검을 정확히 한다는 것은 도저히 불가능한 일인 것이다. 정신을 차리고 있는 것만도 다행인 것이다. 그러나 제트기 파일럿은 그 2초 사이에 11~12개의 바늘 눈금을 정확히 보고 냉정하게 그리고 착실히 조작을 해야 한다. 그것이 최대한의 능력이다. 그런데 우주비행사에게 요구되는 능력은 그 5배라는 것이다. 그것은 초긴장 상태에서의 끊임없는 훈련의 결과로 얻어지는 것이다.

택시 운전사는 대개의 경우 48시간의 주기로 생활하고 있다. 48시간이라면 이틀을 말한다. 이틀 가운데 하루는 택시를 몰고, 또 하루는 쉬는 식이다. 보통 인간의 시간 조정 능력으로는 어려운 생활이다. 2시간의 주기로 살고 있는 인간이 갑자기 48시간의 방식으로 일상을 바꾸기란 쉬운 일이 아니다. 그리 간단하게 적응이 되지 못한다. 그 주기에 적응시키는 특별 훈련이 뒤따르지 않는 한 보통의 인간이라면 퉁명스러운 표정을 짓는 것도 당연하다.

사람의 능력 중 5할 이상은 장인적 능력이라 한다. 우주비행사든, 택시 운전사든, 기억력이든, 감성이든 간에 하여간 장색적인 각본에 따른 숙련 능력이다. 이 장인적 능력을 모든 면에 걸쳐서 몸에 자연스레 배어들게 하는 것이 중요하다.

이 사회에서 가장 높은 가치는 솔직함이다. 솔직하다는 것은 어떤 의미로는 사람과 민중을 사로잡는 큰 힘이 된다. 가슴속을 열어 보이는 대인관계가 요긴한 것이다. 손바닥을 펴서 안을 들여다보이는 투명성이 있어야 한다.

현명한 사람은 실패를 걱정하지 않고 실수를 감수한다. 자신이 실수로부터 배울 수 있음을 알기 때문이다. 솔직하게 나오면 대단히 반응이 좋고 성원의 가슴에 파고들기 마련이다. 지성인들은 자칫 솔직한 것에 대한 평가가 낮은데, 여러분은 솔직하다는 것을 경시해서는 안 된다. 솔직한 지도력, 가슴속을 열어 보이는 리더십이 중요하다. 특히 변화가 심해서 의사 전달이 잘되지 않거나 여러 가지 시행착오로 오해가 생기거나 할 때에는 손바닥을 펴서 안을 들여다 보게 하는 일이 중요한 것이다. 지금과 같은 시대에는 자동판매기라도 속이 보이는 편이 좋다. 이것은 정치나 경제에서도 매한가지다.

탈무드에 이런 이야기가 있다. 옛날에 세 명의 딸을 가진 아버지가 있었다. 그 딸들은 모두 미인이었으나 저마다 한 가지씩 결점을 갖고 있었다. 한 아이는 게으름뱅이고, 한 아이는 도벽이 있었으며, 한 아이는 남을 중상하기를 좋아했다. 그런데 아들 셋이 있는 어떤 집안에서 그 딸들을 며느리로 달라고 제의해 왔다. 딸을 가진 아버지가 딸들의 결점을 숨김없이 말하자, 시아버지 될 사람은 그것은 자기가 책임지고 고쳐 나가겠노라고 말했다. 시아버지 되는 사람은 게으름뱅이 며느리를 위해서 많은 하인을 고용했다. 또 도벽이 있는 며느리를 위해서는 커다란 창고의 열쇠를 맡기고 무엇이나 꺼내어 가지라고 했다. 셋째로 남을 중상하기 좋아하는 며느리에게는 매일 일찍 일어나게 해서 오늘은 무엇인가 남을 헐뜯을 일이 없느냐고 하루도 거르지 않고 물었다.

어느 날 친정아버지가 딸들이 시집가서 잘 살고 있는지 살펴보려고 찾아갔다. 첫째 딸은 하고 싶은 대로 게으름을 부릴 수 있어 아주 행복하다고 말했다. 둘째 딸도 물건을 갖고 싶을 때 얼마든지 가질 수 있어서 행복하다고 말했다. 막내딸은 시아버지가 자기를 유혹해서 괴롭다고 말했다. 하지만 친정아버지는 막내딸의 말만은 믿지 않았다. 어째서일까? 그녀는 시아버지까지도 중상하고 있었기 때문이다.

남의 말 좋게 해서 손해 보는 일은 절대 없다. 손해는커녕 내가 던진 좋은 말 한 마디가 언젠가는 내게 플러스로 돌아온다. 그러나 이걸 알면서도 잘 안 되는 게 우리네 인생이다. 앉기만 하면 직장 동료나 상사에 대해 험담하고 남을 탓하는 사람들이 있다. 세상에는 남에 대한 험담을 취미로 하는 사람들도 많다. 그것은 좋은 일이 아니다.

마땅히 정성스러운 마음으로 그 단점을 덮어줘야 한다. 만일 드러내어 흉보면 이는 덕이 모자란 탓이니, 자기의 단점으로 남의 단점을 공격하는 격이 된다. 과연 그런 언행이 자기에게 어떤 영향을 주는지 생각해 볼 일이다. 옳은 말이면 옳게 들어 행동으로 옮기고 그른 말을 들으면 한 귀로 듣고 한 귀로 흘려버리면 되는 것이다. 사람과 사람이 만나면 말을 하게 마련이다. 말에는 주워 담을 것이 있고 버릴 것이 있는 법이다. 정수기를 사용하다 보면 필터가 불순물을 걸러 내고 맑은 물만 통과시키듯 버릴 말을 주워서 옮기면 험담이 되는 것이고 귀담아 들을 말을 간직했다가 전하면 덕담이 되는 것이다.

뜬소문gossip을 듣는 상대방은 그 내용에 대해 기뻐하지 않고 오히려 당신을 미워할 것이다. 중상 받은 사람은 어떻게 하든 앙갚음을 해 주려고 당신의 험담을 늘어놓기 시작한다. 그렇게 되면 중과부적으로 어이없이 패배 당하고 말 것이다. 남의 불행을 보고 즐거워하는 모습을 보여서도 안 되고, 남의 실패를 이러쿵저러쿵 비판해서도 안 된다. 가십을 퍼뜨리는 사람은 반드시 남에게 미움을 산다. 남의 사사로운 일을 들추어내지 말라. 좋은 점이 아무것도 없으면 이 세상에서 살 수 없는 것이다. 그 사람과 사귐을 계속하려거든 그 사람의 지난 잘못을 다시 생각지 말라. 덕이란 별다른 게 아니다.

사람은 항상 남의 좋은 점을 찾아내어 칭찬을 해 주어야 한다. 그렇게 하면 취미가 고상하고 품위 있는 사람이라는 평을 받고 안목이 높은 사람이라는 평가를 받게 된다. 사람은 어떻게 해서라도 인정받고 싶어 하는 마음이 있다. 그런데 그와는 정반대되는 언행을 하는 사람도 있다. 항상 남의 과오나 결점 따위를 들추어내어 헐뜯고, 그 자리에 있지도 않은 사람의 험담을 하여 같은 자리에 있는 사람들의 환심을 사려고 하는 것이다. 남을 흉보며 반사 이익을 얻으려는 사람들 때문에 많은 사람들의 인간관계가 파괴되어 불행해지는 경우가 얼마나 많은가? 그와 같은 수법이 통용되는 곳에는 좋은 점을 갖추는 데에 마음을 쓰지 않는 낮고 천박한 사람들뿐이다.

험담을 하는 사람은 다른 곳에서도 그와 똑같은 험담을 할 것이다. 그런데 그 험담의 표적이 언젠가는 자기 자신이 될 수도 있다. 그렇지 않으리라는 보장은 없는 법이다. 때문에 결국 험담에 함께 가세한 사람이나 당신의 얘기에 맞장구를 쳐준 사람도 당신의 인격이나 성품을 의심하게 된다는 사실을 알아야 한다.

양식 있는 사람은 적을 나쁘게 말하지 않고 더욱 우대한다. 상대를 공격하는 대신에 뜻밖에도 관대한 태도를 취하는 것이다. 게다가 최고에 달한 사교의 명수라면, 적대자의 모욕을 유머로, 부정을 공정으로 바꿔서, 상대방이 간까지 빼내어 신뢰하지 않을 수 없도록 만든다. 단지 기다리고 있으면, 승리가 자연히 굴러들어 오는 것이다. 이것이야말로 인간의 큰 정이며 넉넉한 마음 씀씀이다.

말솜씨보다 중요한 건 공감력

밤늦은 시각이었다. 4호선 지하철을 타고 있었다. 지하철 내부에는 대부분 띄엄띄엄 앉아있었다. 내 앞에는 술에 취한 아저씨가 앉아 계셨다. 갑자기 아저씨 왈, "이 지하철 기름으로 가는 거 맞지?" 나는 대답했다. "아니요. 전기로 가는 거죠, 지하철은…." 그러자 아저씨가 "헉! 이런" 하며 말씀하시더니 다음 역에서 후다닥 내리시는 것이었다. 잠시 후 방송에서 이런 말이 나왔다. "이번 역은 길음, 길음역입니다. 내리실 문은…" 그제야 아차 싶었다. 아저씨에게 정말 미안했다. 그게 막차였는데.

솜씨 중에 으뜸은 당연 말솜씨다. 사람 앞에 서는 사람에게는 특히 중요하다. 그러나 말솜씨에만 매달리면 오래가지 못한다. 내가 느낀 감정 그대로, 생각 그대로, 살아온 그대로, 솔직하게 잘 말하는 솜씨여야 한다. 그러려면 내가 먼저 마음의 문을 열어야 한다. 그 다음에 입을 열어야 한다. 그것이야말로 마음과의 교감이다. 현대 사회는 무슨 일을 하는 사람의 마음을 얻는 것이 중요하다. 개인의 능력이 아무리 뛰어나도 함께하는 사람들의 지지를 얻지 못한다면 큰 성과를 볼 수 없다. 따라서 공감력이야말로 성공의 가장 큰 요인이다.

어떻게 하면 공감의 힘을 기를 수 있을까?

'공감력'이란 말 그대로 남의 얘기를 잘 들어주는 일이다. 사람들은 누군가 나의 얘기를 들어줄 때 정서적 공감을 느낀다. 잘난 척 충고를 일삼는 것이 아니라 상대방을 이해하고자 노력할 때 상대방도 비로소 마음을 열기 시작한다.

진심으로 함께하는 마음이면
절로 통한다

사람을 대할 때 가르치려 하지 마라. 다만 진심으로 함께하는 마음이면 절로 통한다. 세상이 혼란스러운 것은 배우고자 하는 사람은 없는데 가르치려고 하는 사람이 너무 많기 때문이다.

-허허당, 『머물지 마라 그 아픈 상처에』 中에서

화가 나면 참지 못하는 소년이 있었다. 일단 한번 화가 나면 상대가 누구든 크게 화를 내고 욕을 하거나 떼를 썼다. 어느 날 아버지가 소년을 불러 이렇게 말했다. "애야, 앞으로는 화를 낼 때마다 저 울타리 담장에다 못을 하나씩 박아라." 아버지는 소년에게 못이 가득 든 자루를 주었다. 다음 날부터 소년은 화를 낼 때마다 자기 집 나무 울타리에 못을 박았다. 첫날 소년은 열일곱 개의 못을 박았다. 다음 날은 못을 열두 개 박았다. 매일 못을 박으면서 소년은 화를 내는 일이

줄어들었다. 그러다 마침내 어느 날 소년이 아버지에게 말했다.

"아버지, 오늘은 처음으로 한 번도 화를 내지 않았어요. 그래서 못을 하나도 박지 않았지요."

아버지는 이렇게 말했다. "그렇구나. 지금부터는 네가 한 번씩 화를 참을 때마다 저 울타리에 박힌 못을 하나씩 빼내거라."

다음 날부터 소년은 못을 빼내기 시작했다. 차츰 못을 빼내는 횟수가 늘어났고, 마침내 어느 날 울타리의 못을 모두 빼내게 되었다. 소년은 아버지에게 그 사실을 알렸다. 아버지는 소년을 데리고 울타리로 갔다.

"얘야, 보이지? 네가 못을 모두 빼내었지만 울타리에 생긴 못 자국은 없어지지 않는구나. 사람들에게 화를 내는 것도 그렇단다. 나중에 네가 사과를 해도 마음속 상처는 저 자국처럼 남는 거야."

이 이야기를 읽고 어떤 생각이 드는가? 그 사람과 관련되거나 도움이 될 만한, 그리고 어떤 극복의 계기가 될 것 같은 스토리가 떠오르지 않는가? 스토리는 그 자체만으로 훌륭한 코칭의 역할을 수행하기도 한다.

자신이 상사 혹은 부모의 위치일 때에는 특히 코칭의 역할이 중요하다. 상대에게 메시지를 직접적으로 전하기보다는 스토리를 빌려서 전하는 편이 좋다. 그렇게 하는 편이 훨씬 더 좋은 결과를 가져다 줄 것이다. 이야기가 강력한 것은 그 메시지가 듣는 사람의 마음에 연결되어 지워지지 않는 인상을 남기기 때문이다.

공감을 표현하는 방법 3가지

사람의 마음을 얻는 궁극적인 화법

사람의 마음을 얻는 것은 곧 인생의 재산을 얻는 일이다. 사람의 마음을 얻는 것이 과연 쉽기만 하겠는가! 하지만 진심으로 공감하려는 마음이 사람을 얻는 궁극적인 화법이라고 생각한다.

자신의 말에 공감해주는 사람을 만나면 고통이나 괴로움으로부터 잠시나마 벗어날 수 있다. 때로는 그 괴로움을 뛰어넘을 수도 있다. 대화에 활기를 불어넣어주는 또 다른 방법은, 상대방과 좀 더 가까이 연결되고 싶다는 자신의 욕구를 솔직하게 표현하는 것이다. 그리고 상대에게 도움을 청하는 것이다.

대화의 활기를 불어 넣으려면 우선 상대방의 입장에 감정을 이입하라. 사람들의 행복에 기여하고 싶은 참된 바람에서 가능성은 생겨난다. 우리는 나날의 생활에서 우리 자신의 욕구와 가치관에 맞는 행동을 의식적으로 선택함으로써 자신에 대한 사랑을 키울 수 있다. '우리 스스로 이 세상에서 원하는 변화가 되자'는 간디의 말처럼 말이다.

공감의 품에 안길 때 고통은 자연스럽게 치유된다. 공감능력을 키우는 방법으로는 상대방의 입장에서 그의 관점과 동기 혹은 욕구를 이해해보는 훈련을 하는 것이다.

혼자서 역할 놀이를 해보는 것도 좋은 방법 중의 하나이다. 상대방의 역할을 직접 해봄으로써 상대방이 느끼는 감정을 조금씩 느낄 수 있게 된다면 무뎌졌던 공감능력도 점차 회복될 것이다. 또한 TV에서나 실생활에서 기쁨과 슬픔 등의 장면을 대할 때 그냥 지나치지 않고 그 감정에 오래 머무르며 그 감정을 느끼는 연습을 하다보면 감정이 조금씩 살아나게 된다.

상대방이 말을 할 때 '예, 그렇군요.' '그러시겠어요.' '그런 어려움이 있었군요.' 등의 적당한 반응을 보여주는 것도 공감능력을 키우는 데 큰 도움이 된다. 마음이 변화될 때 행동이 바뀌기도 하지만 말 등의 행동이 변할 때 마음이 바뀌기도 하기 때문이다. 상대방과 대화를 나눌 때 사용되는 기법들을 살펴보자.

① 페이싱pacing: 페이싱은 페이스, 보조를 맞추는 것처럼 상대방의 말에 보조를 맞추며 대화하는 것을 뜻한다. 상대가 "오늘 날씨 되게 안 좋네"라고 말하면 "그러게, 날씨가 왜 이러냐. 바람도 불고, 꾸물꾸물하고…" 이렇게 맞춰주는 사람이 있다. 반면에

맞춰주지 않는 사람도 있다. "오늘 날씨 되게 안 좋네"라고 말했을 때 "무슨 날씨 타령이야. 바빠 죽겠는데"라며 찬물을 끼얹는다면 그 사람은 페이싱을 제대로 못 한 것이다.

② 미러링mirroring 또는 매칭matching: 동작이나 말의 속도 등을 상대방과 함께 맞춰주면서 공감해주는 것. 상대가 고개를 숙이면 나도 숙이고, 팔짱을 끼면 비슷하게 팔짱을 끼고, 천천히 말하면 천천히 받아주는 것으로서 상대의 심리를 편하게 해주는 것을 뜻한다.

③ 백트래킹backtracking: 백트래킹은 상대의 말을 함께 따라 해주는 것이다. 예를 들면 이렇다. "오늘 출근길에 말야…" "음, 출근길에…" "글쎄, 지하철에서…" "음, 지하철에서…" "중학생쯤 되는 학생이 MP3를 어찌나 크게 틀었던지…", "MP3를?" 이런 식으로 계속 상대의 얘기를 다시 한 번 되새김질해주는 것이다. 이렇게 하면 상대는 적극적인 공감을 받는 느낌이 들 것이다. 이상하게도 덜 친한 사람들의 얘기일수록 잘 들어주게 된다. 그런데 반대로 유독 가까운 사람의 얘기는 흘려듣게 되거나 해결의 대답을 내놓으려는 게 문제다. 우리가 보통 가까운 사람에게 자신의 이야기를 털어놓는 이유는 '무한 지지'를 받기 위함이다. 상대의 토로를 들을 때는 "해결이 아닌 공감의 대화를 하라."

소통을 위한 최소한의 원칙 10가지

한 젊은 화가가 선배에게 물었다.

"선생님, 저는 단 3일이면 그림 한 장을 그려냅니다. 그런데 그 그림이 팔리는 데는 무려 2, 3년이 걸립니다. 도대체 어떻게 해야 더 빨리 팔 수 있을까요?"

그러자 선배가 대답했다.

"그까짓 것 별거 아니라네. 만일 그림 한 장을 그리는 데 2, 3년 걸려보게나. 그럼 단 이삼일 만에 팔릴 걸세. 내 장담하지. 하하."

그저 이야기를 주고받는 것이 이렇게 어려워서 되겠나 싶다. 제대로 할 수 없을 것 같다면 다음에 제시하는 10가지만 지켜준다면, 그래도 최소한의 소통은 완성할 수 있다. 이 10가지를 머릿속에 넣어두고 자주 연습해보자. 하루아침에 바뀌지는 않겠지만, 조금씩 바뀌면서 정말 괜찮은 사람으로 거듭날 수 있을 것이다.

대꾸하기

무슨 말을 했는데 대꾸를 하지 않으면 상대방에게 '대답할 가치가 없다'는 말을 하는 것과 같다. 사람 열 받게 하는 기술 중에 하나도 바로 이것이다. 대답을 하지 않거나 침묵을 길게 유지한 후 대답하는 것. 바로 대답하기가 어려운 말이라면 상대방에게 '잠깐만'이나 곧 대답을 할 것이라는 메시지를 주어야 한다.

상대방의 감정을 고려하기

별것 아닌 일에 감정이 많이 상하기도 한다. 상대방의 감정이 상한 것은 고려하지 않고, 잘못만 따지는 것은 좋지 않다. 작은 잘못으로 상사에게 꾸중을 듣고 억울함을 호소하는 사람에게 네가 잘못했다고 말하는 것은 좋은 대화법이 아니다.

'나 때는 말이야'라는 식의 꼰대화법은 삼가기

요 몇 년 사이 급속히 유행하기 시작한 말 중에 하나가 바로 '꼰대'라는 단어다. 젊은이들이 말하는 꼰대의 정의에는 여러 가지가 있겠지만, 그중에서도 가장 대표적인 꼰대의 특징은 바로 '나 때는 말이야'라는 말로 시작되는 특유의 화법이다. 자신이 살았던 시대, 즉 기성세대로서의 사고방식을 상대방에게 강요하지 말자. 이는 특히 상사와 부하직원 같은 상하관계에서 범할 수 있는 실수다. 만일 당신이 상사로서 부하 직원에게 "내가 사원 때는 PC도 없어서 밤새워 자 대고 표 그렸어. 요즘 세상 좋아졌지. 뭐 그 정도를 그렇게 힘들어하나?" 이렇게 말한다면 상대방은 당신과 더 이상 이야기하고 싶지 않아진다.

넘겨짚지 말기

어설프게 공감해준답시고 넘겨짚어선 안 된다. 상대방의 말을 넘겨짚는다면 이야기한 사람은 기분이 썩 좋지 않다. "저 오늘 몸살 기운이 좀 있어서"라고 말했더니 그 말을 지레짐작한 상대방이 "그래, 오늘 들어가서 푹 쉬어."라고 한다면 허탈할 수도 있다. 들어가서 쉴 생각은 없고, 그저 자신의 수고를 인정받고 싶어서 한 이야기였을 수도 있다.

비꼬지 않기

차라리 잘못했다고 야단을 치는 것이 나을 것이다. "저 오늘 몸살 기운이 좀 있어서"라는 말에 "그럼 들어가서 쉬셔야지"라고 말했다면 같은 말을 해도 듣는 사람의 기분은 하늘과 땅 차이다.

모르는 척하지 않기

상대방의 상황을 알고 있으면서도 모르는 척해선 안 된다. 어려운 사정을 이야기하는 상대방의 입장과 감정을 알면서도 모르는 척하면서 자신이 하고 싶은 이야기를 전달해선 안 된다.

흉내내기

상대방이 한 말을 반복해주는 것이 공감의 기본 기술이다. 하지만 계속 그대로 한 말을 반복하는 것은 듣는 사람이 놀림을 당한다는 느낌을 받게 한다. 그러니 비슷한 말로 바꾸어 공감해주는 연습을 통해 세련된 공감의 기술을 발휘하도록 하자.

말 자르지 않기

말하고 있는데 듣지 않고 말을 자르고 들어와서 하고 싶은 말을 하는 것은 나쁜 의사소통일 뿐만 아니라 무례한 행동이기도 하다. 말이 끝나기를 기다리거나 말을 끝내 달라는 신호를 보낸 후 이야기를 해야 할 것이다. 말싸움을 하는 것이 아니라면 말 자르기는 의사소통의 끈을 자르는 일이다.

어려운 단어 쓰지 않기

상대방이 못 알아듣는 단어를 사용해 이해를 교란시키는 행동이다. 원래 어떤 대상에 대해 잘 모르는 사람일수록 어려운 말로 설명한다고 한다. 깊은 이해가 있는 사람은 전문 용어로 다 표현할 수 있다. 일부러 상대방을 압도하기 위해 어려운 단어를 쓰는 일은 상대방에게 '우리는 서로 레벨이 다르다'는 사실을 전달해줄 우려가 있다.

말하는 사람의 의도를 파악하기

이야기의 결론을 맺거나 문제를 해결해야 하는 사안에서도 계속 공감만 하고 있다면 문제가 된다. 다음과 같은 대화를 살펴보면 알 수 있다.

"이 옷이 마음에 안 들어서요."

"색깔이 취향에 안 맞으시나 봐요."

"색깔은 마음에 들어요."

"네, 색깔은 예쁘게 빠졌어요."

물건을 교환하러 온 고객에게 계속 공감만 해주고 있으면 어쩔 것인가? 문제가 무엇인지 물어보고, 해결할 것은 해결하고, 직면할 것은 직면해야 할 것이다. 듣는 사람은 말을 빙빙 돌리는 의도를 의심하게 된다.

먼저 상대가 말하도록 하라

사람들은 흔히 다른 사람을 설득시키려 할 때 자기 혼자서 떠들어 대는 경우가 있다. 더욱이 이 점은 장사하는 사람들이 잊기 쉬운 결점으로 말을 많이 하는 것은 결코 남을 감동시키지 못한다. 오히려 상대편으로 하여금 마음껏 이야기하도록 하는 것이 좋다. 그리고 활짝 마음을 열고 경청해야 한다. 인간이란 마음을 펼쳐도 남의 이야기를 제아무리 들어도 결국은 제가 필요한 것만이 멋대로 남게 돼 있다. 필요치 않은 것은 새겨서 없애는 셈이다. 헌데 마음의 문을 닫고 자기 생각에만 팔려서 남의 이야기는 쥐꼬리만큼만 듣는 사람들이 있다. 이런 이들은 바보다.

우선 첫 번째로는 상대방의 말을 경청해야 한다. 이 말은 대화에서의 제1원칙으로 항상 얘기되는 것이지만 실제로는 잘 지켜지지 않는다. 첫째로 상대의 말을 잘 들어야 한다. 듣는 자세도 중요하거니와 상대가 말하는 내용의 맥을 놓쳐 버려 질문해야 할 초점을 잃어버려서는 곤란하다.

둘째는 자신의 말을 경청해야 한다. 대화에 열중하다 보면 자신의 열정에 도취되어 자신이 어디까지 말하고 있는지, 어느 부분을 강조해야 되는지를 혼동하게 되고, 표현에서도 모호한 용어를 사용하거나 또는 명확한 매듭을 짓지 않음으로써 와전된 결과를 낳을 수 있기 때문이다.

무작정 자기 이야기하는 데 얼이 빠져 상대의 입장을 인정하기에 인색하면 역시 마찬가지로 이쪽도 인정을 받지 못하게 된다. 상대의 말을 끝까지 경청하라. 그러면 설득은 보장된다.

설득을 하려고 할 때 가장 중요한 것은 상대가 설득에 대해 거부 반응을 나타나는 것으로서 어쩌면 인간적인 본능이라고 할 수 있다. 그러므로 상대를 설득할 때 전적으로 호의적인 반응을 보이리란 안이한 생각은 위험하기 짝이 없는 사고방식이며 그보다 장애가 더 많이 개재되어 있다는 사실을 인식해야 한다. 사사건건 시비를 가리려고 하는 태도는 역효과를 나타내 설득의 기회를 찾지 못한다. 장애가 대두될 때에는 처음부터 이해하는 태도로 출발하라.

상대가 소심한 편이어서 설득을 받아들이는 태도가 미온적이면 '선생님은 사려가 싶으시군요.' 하고 외골수의 고집을 피우면 '신념이 굳은 편이십니다.' 라는 식으로 상대에게서 풍기는 장애의 분위기를 좋게 해석해서 말한다. 또한 설득의 말을 잘 듣지 않으려는 사람에게는 뻔뻔하고 거만하다는 생각을 하기에 앞서 '무척 솔직하신 편입니다.' 하는 칭찬의 뜻으로 설득의 장애를 유리하게 이끌어 간다. 말의 주체는 자기이지만, 말하는 방법의 주체는 듣는 이이다. 상대의 조건, 처소의 상황, 어떤 종류의 사람, 성격 등 연구가 필요하다.

상대방에 대한 배려는
가슴을 따뜻하게 해 준다

하루도 안 빠지고 술집에 출근부를 찍는 노신사가 있었다. 항상 위스키 두 잔을 동시에 주문하는 것이었다. 이상하게 생각한 바텐더가 그 노신사에게 물었다.

"어르신, 왜 꼭 두 잔을 한꺼번에 주문하십니까?"

허허허 웃으시며 노신사는 대꾸했다.

"까닭이 있다네. 내게는 아주 오랜 술친구가 있었는데 나에게 유언을 남겼지. '술 마실 때는 언제나 나를 위해 한 잔 건배를 해주게' 라고 말일세. 그래서 그 친구의 몫까지 두 잔을 마시는 거라네."

노신사의 우정에 새삼 감동한 바텐더는 그 후로도 계속 그 노신사가 오면 두 잔의 위스키를 내놓았다. 그런데 어느 날부터인가 그 노신사가 위스키를 한 잔만 마시고 가는 것이 아닌가? 이를 이상하게 여긴 바텐더가 물었다.

"어르신, 왜 이제는 한 잔만 드십니까?"

그러자 한참 뜸을 들이던 노신사는,

"응, 나는 이제 술을 끊었다네. 그래서 이 한 잔은 내 친구를 위해 마셔주는 거라네."

사람은 상대방으로부터 따뜻한 배려를 느끼면 감동받는다. 감동을 받으면 신뢰가 생기고 배려해준 사람에 대해 전폭적으로 지지하게 된다. 이렇게 해서 전천후 인간관계가 형성되는 것이다. 배려는 관심에서 시작된다. 상대에게 관심을 보이는 것은 지도력 발휘에 아주 중요한 조건이 된다. 바쁜 시간을 쪼개서라도 상대에게 관심을 보이며 말을 걸어 보라. 특히 상사는 언제나 부하에게 관심을 가져야 한다. 현상에 맴돌지 말고 현상 깊숙이 감춰져 있는 문제점을 파헤쳐야 한다. 이런 힘은 관념적으로는 키워지지 않는다. 현장을 답사한다든지, 관계자와 대화를 통해 일에 관해서뿐만 아니라 취미와 같은 것도 화제로 삼아 말을 걸어 보아야 한다. 이런 간단한 대화 가운데서 부하가 안고 있는 문제를 쉽게 파악할 수 있다.

직장은 경쟁 원리에 의해 지배되는 사회이다. 때로는 동료를 쓰러뜨리고 짓밟으면서까지 앞서가야 하는 등 반드시 좋은 관계로만 생활할 수 있는 것은 아니다. 이를 감안해 볼 때 자기 자신의 이익만을 생각해서는 안 된다. 타인에 대한 배려에 인색하지 말아야 한다.

사람들은 이익 앞에서는 결코 의연하지 못한다. 조금이라도 자기에게 이익이 될 것처럼 생각되면 서슴지 않고 손을 댄다. 그러므로 상대를 잘 움직이는 사람은 상대에게 유리한 듯한 조건을 걸어 상대가 반드시 그 미끼에 넘어가도록 하는 것이다. 작은 이익을 주는 척하면서 상대를 움직이게 한 후, 그들을 갑자기 제압하는 것이다.

그러나 은혜를 베풀려면 마땅히 적은 데서 시작하여 차츰 늘려야 한다. 만일 처음에 많이 베풀고 나중에 적게 베풀면 받는 사람이 그 은혜를 잊어버리고 만다. 이는 마땅히 엄격한 데서 시작하여 차츰 관대해지는 것이 좋다. 만일 먼저 관대하고 나중에 엄격하면 사람이 그것을 혹독하다고 원망한다.

상대방에게 뭔가를 베풀 때는, 상대가 받아들일 수 있는 한계 안에서 베풀어라. 은혜도 도가 지나치면 결례가 된다. 상황에 따라서는 이것이 반목의 원인이 될 수도 있으며 상대는 그 부담을 피하기 위해 당신에게서 멀어진다. 따라서 상대를 부담스럽게 하면 은혜에 보답할 수 없게 되어 서로 서먹해져 친구를 잃는 원인이 된다. 쓸데없는 과잉 친절보다는 상대가 바라고 소중히 여기는 것을 베풀어야 한다.

터
거침없이 살아라

새해마다 각자의 삶의 목표를 갖고 열심히 살고자 한다. 공통점은 다 행복한 삶을 꿈꾼다. 그러나 현실은 그렇지 못하다. 근심, 걱정, 스트레스 등으로 행복을 누리지 못하는 경우가 많다. 다가오는 새해를 아낌없이 멋지게 살자. 그러기 위해서 독자들을 위해 몇 가지 제안을 드리고자 한다.

두려워하는 부분을 인정하자. 사람들은 두려움이 많다. 죽음, 어둠에서부터 건강을 잃으면 어쩌나, 재산을 잃으면 어쩌나, 사람을 잃으면 어쩌나 같은 상실에 대한 두려움 등에 시달리고 있다. 그러나 사람이 두려움을 느끼는 것은 극히 정상이다. 맹점은 두려움이 나를 지배하지 않게 하는 것이다. 두려워하는 부분을 인정하고 그 해법을 고민하는 것이 훨씬 생산적이다.

완벽함이란 없다. 필자가 며칠 전 변화를 주기 위해 미용실에서 머리를 만지다가 약간의 변화를 주고자 염색을 하게 되었다. 그러다가 파마까지 해 버리고 말았다. 결과는 생각했던 것보다 별로였다. 화를 낼 수도 없고, 다시 원상복구를 할 수도 없고 그냥 그 머리로 당당하게 다니고 있다. 변화에 만족하면서 말이다. 완벽을 추구하다가는 오히려 자신에 대한 불신이 더 생길 수 있다. 따라서 자신의 실수에 대해 관대해야 한다. 실수를 용납하지 못하면 성장도 불가능하다. 있는 그대로를 인정해야 한다.

자기 자신과 자신의 행동을 분리하라. 사람의 행동이 가치와 곧바로 연결되는 것은 아니다. 어쩌다 다른 사람의 차를 들이받고, 술에 취해 횡설수설했다고 해서 그것 때문에 나쁜 사람이 되는 것은 아니다. 그저 실수했을 뿐이다. 한번 실수는 병가지상사라 했는데 한 번의 실수를 가지고 고민하고 스트레스 받지 말자는 얘기다. 지난 과거사의 나쁜 기억들은 빨리 잊는 것이 정신 건강에도 좋다.

언제 어디서나 자신을 좋게 말하라. 어떤 이는 무조건 자기를 낮춘다. 낮추는 선을 넘어 아예 자신을 비하시켜버린다. '제 주제에…', '가방 끈도 짧고 경험도 일천해…'라고 말이다. 겸손도 겸손 나름이다. 이 정도 되면 사람들이 모일 리 만무하다. 자신을 스스로 높여 대접하라. 자신을 좋게 말하는 것도 훈련이 필요한 것 같다. "전 이 분야에선 자신 있습니다!", "전 행복한 사람입니다!" 좋게 말할 것이 아무것도 없으면 차라리 입을 다물어라.

칭찬을 받아들여라. 오랜만에 만난 한 여성에게 "여사님, 오늘 입으신 옷이 정말 잘 어울리십니다. 색상도 그렇고 디자인도 대단히 우아하군요." 했더니, "교수님도 참, 이거 시장 좌판에 내놓고 파는 거만 원 주고 산 거예요. 이걸 좋다고 하니 이상하시네요. 호호호…"라고 응수했다. 그 다음 할 말을 잃었다. 설령 시장에서 사 입었다 하더라도 다른 사람이 높여줄 때는 "예쁘게 봐주셔서 감사합니다." 라고하면 어디 덧나나…. 지나친 겸손은 다른 사람들을 불쾌하게 만들 수있다. 정말로 성공한 사람들은 다른 사람들의 칭찬을 우아하게 받아들인다.

자신의 주장을 표현하는 것을 연습하자. 의외로 많은 사람들이 서툰 것 중에 하나가 자신의 감정이나 의사를 잘 표현하지 못하는 것이다. 자신이 필요한 것을 표현한다면 기적이 생길 것이다. 그러니 당당히 자신의 원하는 것을 요구해보라. 음흉하다는 느낌보다 호쾌하다는 느낌을 사람들은 좋아한다. 숨기지 말고 솔직히 털어놓아라. 그러면 꼬인 문제도 풀리고 얽힌 관계도 회복이 된다.

어떤 대접을 받고 싶은지 사람들에게 알려라. 생일날 입 다물고 있으면 누가 알아주랴! 자신의 생일날 이렇게 해주면 좋겠다는 생각을말하라. 그래야 주변에서 챙겨줄 것 아닌가. 가만히 입 다물고 해주기만 바라면서 기대치에 못 미친다고 투덜대봐야 저만 손해다. 자신이 대접받고 싶은 기대치를 알리는 것이 오히려 현명한 처세법이다. 물론 그러려면 대접받고자 하는 말을 알릴 수 있는 평소의 관계가 중요할 것이다. 특히 자신을 어떻게 대접하는지 보여줌으로써 당신들도 이렇게 해달라는 신호를 보내야 한다.

운을 끌어들이는 4가지 방법

　　우리네 인생은 올림픽에서 금메달을 따기 위한 선수들의 노력과 같다. 올림픽 출전권을 따고, 또 메달을 목에 걸기까지는 혹독한 훈련과 보이지 않는 그들만의 피눈물이 숨어있는 것이다. 그러나 그 노력 뒤에는 보이지 않는 운도 따라야 한다. 역대 올림픽에서 보았듯이, 인생에 있어서만큼은 절대로 노력만으로는 성공을 할 수가 없다. 세계 신기록을 보유하고, 금메달 후보로 일찌감치 점쳐졌던 선수들이 뜻하지 않은 실수와 당일의 컨디션 저하로 메달권 밖으로 밀려나기도 한다. 2004년 열린 아테네 올림픽에서는 42,195킬로미터를 1위로 달려오던 마라토너가 갑자기 뛰쳐나온 군중이 밀치는 바람에 다 잡았던 금메달을 일순간에 빼앗기는 사태가 벌어지고 말았다. 그날의 어처구니없는 광경을 보며 '저 선수 참으로 재수도 없다!'는 생각을 누구나 한번쯤 했을 것이다.

발명가 에디슨은 '99의 노력과 1퍼센트의 운'이라 했으나 경험 많은 이들 대부분은 운칠기삼運七技三이란 용어를 더 앞세우기도 한다. 학창시절에 공부는 뒷전이고 말썽만 피웠던 이들이 훗날 성공한 케이스도 바로 운칠기삼에서 비롯되었을 것이다. 행복한 억만장자는 '운'을 끌어들이는 달인들이다. 그들 특유의 습관을 몸에 익힘으로써 우리들에게도 '운'이 한 발짝 더 다가올 수 있음을 기억하자. 그렇다면 행복한 억만장자가 '운'을 모으기 위해 일상생활에서 중요시하는 습관에 대해 알아보자.

사람과의 인연을 중요시한다. 첫째, 많은 사람과의 만남, 그리고 그 사람들과의 인연을 중요하게 여기는 것이다. '운'이란 사람을 통해 찾아온다. 그러므로 '운'이 다가오는 길을 많이 만들어놓음으로써 보다 많은 '운'을 끌어들일 수 있다. 많은 행복한 억만장자가 "인생이 바뀐 기회를 사람에게서 얻었다"고 말한다. 그것은 누군가를 소개해 주거나 새로운 정보를 얻거나 하는 식이다. 만난 사람과의 인연을 소중히 함으로써 이런 기회가 많이 모여들게 된다. 그리고 당신의 '운'도 비로소 높아진다.

시대의 흐름을 붙잡는다. 둘째, 시대의 흐름을 알아차리는 것이다. 시대흐름이 있는 곳에는 '행운'이 모인다. 유행하는 상점에는 그렇지 않은 상점보다도 기운이 넘쳐난다. 그 힘에 이끌려 많은 사람들과 돈이 모여든다. 행복한 억만장자는 시대흐름을 피부로 느끼기 때문에 평상시 새로운 것을 공부하거나 다양한 사람을 만나면서 적극적으로 나서려 한다. 나는 지금까지 자신이 가장 좋아하는 것이 시대흐름과 일치한 덕분에 크게 성공한 사람을 많이 봐왔다. 시대의 흐름, 그 가까이에만 가도 '행운'을 붙잡기 쉬워지는 것 같다.

감사해한다. 사람과 똑같이 행운의 여신도 감사하는 마음을 가진 사람에게 더 자주 나타난다. 행복한 억만장자는 좋은 일이 일어날 때는 물론 나쁜 일이 일어나도 인생의 메시지를 받아들여 감사할 줄 안다. 행복한 억만장자의 행동을 보고 있자면 '고맙다', '감사합니다' 등의 고마움의 단어들을 자주 입에 올리는 것을 알 수 있다. 감사의 마음가짐도 실제로 입 밖으로 표현하지 않으면 상대에게 전해지지 않는다. 이렇듯 주위사람에게 감사의 마음을 잊지 않는 행복한 억만장자에게 행운의 여신은 미소 짓는다.

다른 사람을 기쁘게 한다. 아들러는 저서 『인생의 의미 심리학』 속에서 인생의 궁극적인 의미는 '공헌'에 있다고 단언했다. 철강왕 카네기(Andrew Carnegie, 1835-1919, 스코틀랜드 출생)는 수직공手織工의 아들로 태어나 어려서부터 여러 직업에 종사하다가 1865년 철강 수요의 증대를 예견하고 독자적으로 철강업을 경영하기 시작하여 1892년에 카네기철강회사(뒤에 카네기회사로 개칭)를 설립하였다. 1901년에는 미국 철강시장의 65퍼센트를 지배하는 'US스틸사'를 탄생시켰다. 그러다가 훗날에 카네기홀을 건립했다. 마쓰시타 고노스케가 'PHP 운동(Peace and

Happiness through Prosperity의 약자. 번영을 통해서 평화와 행복을 바란다는 뜻)을 전개한 것도 기본적으로는 같은 맥락이다. 즉, 밑바닥에는 다른 사람에게 기쁨을 준다는 불변의 사상이 깔려 있다.

신인 프로야구 선수가 대기업의 관리직보다 연봉을 많이 받는 것도 많은 사람에게 기쁨을 주는 성과에 비례한다는 원칙에 적용시키면 당연한 결과다. 그들은 경기를 해서 관중이나 텔레비전으로 보는 수십만, 수백만 명의 시청자에게 기쁨과 흥분을 선사한다. 비틀스The Beatles나 마이클 잭슨Michael Jackson과 같은 세계적인 기수들, 인기 작가, 영화감독, 연기자들도 많은 사람에게 기쁨을 주는 사람들이다.

많은 사람에게 기쁨과 감동을 줄수록 명성을 얻고 수입도 많아진다. 다시 말해, '어떻게 하면 많은 사람들에게 기쁨을 줄 수 있을까?' 하는 고민을 해야 한다. 오로지 그것만 생각하면서 행동하면 여러분의 인생은 행복해질 수 있다. 우리가 태어난 목적은 다른 사람을 기쁘게 만드는 존재가 되기 위해서라는 사실을 기억하자.

고대 이집트 속담에 사람이 죽어서 영혼이 하늘에 올라가면, 신이 두 가지 질문을 한다고 한다. 하나는 '인생에서 기쁨을 찾았는가?' 두 번째는 '당신의 인생이 다른 사람들을 기쁘게 해 주었는가?'이다. 이 두 가지 대답에 따라 천국으로 갈지, 지옥으로 갈지 결정된다고 한다. 이 글을 읽는 그대는 천국행입니까? 지옥행입니까?

제3장

이 시대의
경쟁력,
소통의 기술

공감적 대화법

공감적 대화법은 크게 세 가지 단계로 나뉜다. 반영하기Mirroring, 인정하기Validation, 공감하기Empathy가 바로 그것이다.

먼저 1단계, 반영하기. 이것은 상대방의 메시지를 정확하게 그대로 반영하는 과정이다. 말한 사람이 말한 내용(단어, 표현)을 그대로 반복하는 것이다. 먼저 분명하고 간단한 메시지를 전달하고, 거기에 대해 상대가 말하려는 의도를 잘 듣고 파악해야 한다. 그리고 배우자에게 정확하게 다시 반복해서 말해준다. 이 훈련은 전달자가 자신이 말하려는 내용과 생각과 감정, 느낌 등이 받는 사람에게 정확하게 전달되어졌다는 확신이 들 때까지 계속된다. 받는 사람Receiver은 전달자가 '그렇다'라고 할 때까지 인내심을 갖고 세심히 잘 듣고 그대로 반복해주는 연습을 계속한다.

2단계, 인정하기. 자신의 관점이 아닌 상대방의 눈으로, 마치 상대방의 신발을 신어보듯이 입장을 바꿔서 바라보라는 것이다. 상대방의 입장과 관점에서 바라보는 것이 나 자신을 포기하는 것을 의미하지 않는다. 상대방의 말에 동의하거나 반대할 필요도 없다. 다만 그저 상대방의 입장에서 그 사람을 이해할 수 있으면 되는 것이다. 한마디로 역지사지의 입장에서 말이다. 그렇게 했음에도 상대방의 입장이 이해가 가지 않을 경우엔 "내가 당신의 말을 좀 더 잘 이해할 수 있도록 자세히 설명해 주시겠어요?"라고 요청해야 한다. 그리고 "제가 당신의 말(입장)을 잘 이해했나요?"라고 물어야 한다. 그제야 상대방이 "네, 이해했어요. 맞아요. 그게 바로 내가 하고 싶은 말이에요."라고 말했을 때에야 비로소 인정하기에 성공한 것이라고 볼 수 있다.

3단계, 공감하기. 사람의 감정을 실제로 느끼고, 경험하는 단계다. 동시에 깊은 단계의 대화를 추구하는 단계이기도 하다. 가슴과 가슴의 대화Heart-to-Heart communication가 이루어지는 때다. 나와 너의 깊은 만남, 즉 상호 간의 깊은 관계가 맺어지는 단계이다. "당신의 말이 가슴에 와 닿아요. 그 말을 들으니 당신이 얼마나 가슴이 아팠을까? 라고 상상하니 내 마음도 몹시 아파요." 이런 말이 오갈 수 있어야 한다. 이 단계까지 도달하게 될 때 그곳에 치유가 일어난다. 이 단계를 두고 "상대방의 가슴에 들어가 앉았다"라고 말하기도 한다. 또한 서로가 서로에게 "치유의 통로가 되었다"라고도 말한다. 이렇게 서로의 깊은 마음을 알아주게 될 때 두 사람은 깊은 참 만남을 경험하게 된다.

이미지 트레이닝과 감성

1000미터 달리기 선수나 42.195킬로미터를 달리는 마라톤 선수나 기록을 단축하고 완주하기 위하여 하는 트레이닝이 있다. 바로 근력을 기르는 웨이트 트레이닝, 스피드를 기를 스피드 트레이닝이다. 그리고 이 두 가지 못지않게 중요한 것이 이미지 트레이닝이다. 매 코스마다 자신의 뛰는 속도와 모습을 이미지로 그리는 것이다. 올바른 자세로, 리듬 있게 그리고 알맞은 속도로 힘차게 뛰는 모습을 그리는 것이다. 이때에 가장 중요한 것은 완주하는 모습과 환호하는 관중들의 모습, 자랑스럽게 기다리는 코칭 스텝, 나를 기다리는 사랑하는 가족과 애인을 그리는 것이다. 이러한 이미지 트레이닝은 육체훈련에 못지않은 중요한 훈련이다. 인생의 남은 날들을 이러한 이미지 트레이닝으로 채워보자.

자유롭게 감성을 표현하는 것은 스트레스를 해소시켜 줄 뿐만 아니라 창의력 증진에도 상당한 도움이 된다. 21세기는 조화와 공감의 시대라는 말이 있다. 즉 감정을 느끼고 표현함으로써, 그리고 상대방과 공감함으로써 우리는 보다 삶을 즐길 수 있을 뿐만 아니라 보다 적절한 의사 결정을 통해 성공의 기쁨을 맛볼 수 있는 시대가 도래하고 있는 것이다.

같은 말을 하더라도 감성적으로 표현하면 상대방에게 조금 더 설득력 있게 다가갈 수 있다. 다음의 예시 상황을 보자. 장님이 팻말을 목에 걸고 지하철 입구에서 구걸하고 있었다. 그 팻말에는 이렇게 쓰여 있었다. '저는 태어날 때부터 장님이었습니다.' 그러나 아무도 그를 거들떠보지 않았다. 스쳐가는 사람들은 많았으나 그 장님에게 동전을 주는 사람은 많지 않았다.

어느 날, 장님이 쪼그려 앉아 빵조각을 먹고 있는 것을 보고 한 청년이 다가왔다. 장님이 불쌍했던 모양인지 그는 장님에게 다가가 그의 목에 걸려 있는 팻말의 문구를 지워주었다. 그리고는 그 위에 이렇게 다시 쓰기 시작했다. '저는 봄이 와도 꽃을 볼 수 없답니다.' 그 후로 장님 곁을 지나가는 사람들의 태도가 변하기 시작했다. 사람들은 장님을 바라보며 고개를 끄덕이기 시작했다. 그의 팻말에 씌어있는 문구를 읽고는 어떤 감흥을 받은 것이다. 그들은 장님 앞에 놓인 깡통 안에 동전을 아낌없이 넣었다. 이것은 팻말의 문구가 바뀐 후로 장님에게 찾아온 변화다. 그렇다면 문구가 바뀌기 전과 후는 어떻게 다른 걸까. 전자의 말은 이성적인 표현이고 아랫말은 감성적인 표현이다. 사람은 차가운 것보다는 따뜻한 것을, 딱딱한 것보다는 부드러운 것을 좋아한다. 마찬가지다. 언어도 그러하다. 사람은 누구나 이성적이고 딱딱한 표현보다는 감성적인 표현에 마음을 움직이게 되어 있다.

공감 소통의 도구, 리액션(Reaction)

외국인과 대화할 때 필요한 것은 무엇일까? 보통 영어문법이라고 생각할 것이다. 하지만 문법 못지않게 중요한 것이 바로 리액션Reaction이다. 리액션 하나면 공감과 소통을 할 수 있다. "Ahhh, Really?(아아, 리얼리?)"다. 어디 외국인과의 대화에만 국한된 문제일까. 우리의 일상에서 리액션이 없다면 얼마나 삭막하고 답답할까? 그럼에도 불구하고 우리는 리액션에 대한 개념조차 없다. 오죽하면 외국인들이 한국인들을 보고 무슨 일이 있느냐며 다들 얼굴표정이 심각하다는 말을 한다. 이처럼 한국인은 대체로 자기 감정표현과 리액션에 대단히 소극적이고 둔감하다. 'MBC 지금은 라디오 시대'의 진행자 최유라의 리액션은 가히 일품이다. "맞아요. 맞아…"라며 연신 맞장구치는 것을 듣고 있노라면 일상의 피로조차 풀린다. 가수 김홍국 씨는 한술 더 떠서 사소한 일에도 감동한 표정으로 오버하며 "으아~"를 연발한다. 김흥국의 "으아~"라는 감탄과 탄복은 남들이 인정해주고 감탄해주길 목말라하는 대중에게 은연중의 위로가 될 수 있다. 노래 '호랑나비' 이후 10년이 넘도록 히트곡 하나 없는 김흥국이지만 개그 맨으로서는 불황을 모르는 김흥국이다. 그것이 가능했던 이유는 바로 상대방에게 '들이대는' 리액션에 있다.

아주 간단한 대화라고 해도 리액션을 넣으면 소통이 보다 원활해 진다. 리액션은 소통의 윤활유 같은 역할을 한다. 리액션을 보여주면 분위기가 감미로워진다. 리액션이란 일종의 추임새이며 맞장구다. 소리꾼이 판소리를 완창하려면 소리꾼 곁에 고수가 있어야 한다. 곁에서 '얼쑤~좋다!'라고 넣어주는 추임새가 필요하다. 대화에서도 '아하!', '그랬군요~', '그런 얘기였군요!' 등과 같이 공감하는 맞장구가 필요하다. 이처럼 맞장구는 손바닥을 마주치듯 쳐주면 된다. 상대방을 향한 배려와 공감을 가득 담은 작은 맞장구 하나가 말하는 사람의 힘을 솟게 하며 대화를 더 행복하게 만든다. 물론 앵무새처럼 반복하는 진심 잃은 맞장구는 상대방으로 하여금 신뢰를 잃게 만든다. 대화 시 상대의 장점과 취지에 대한 감탄과 찬사는 대화의 격을 한 차원 높여 준다. "역시 최 과장님이시네요.", "대표님의 따뜻한 배려심이 사람을 자라게 하는 것 같습니다!" 가장 먼저 축하와 축복의 말을 전할 수 있는 사람이라면 호쾌하다는 이미지를 주어 진정한 친구임을 증명하는 셈이 된다. 감탄과 찬사야말로 최고의 리액션이다. 또한 리액션은 행복지수를 높이는 최고의 방법이다. 리액션 하면 인터로뱅Interrobang이 있다. 인터로뱅을 상징하는 아이콘의 모양은 물음표와 느낌표가 합체를 이룬 '?!'이다. 이는 감탄과 의문을 동시에 나타내는 기호다. 경이로운 놀라움이다. "와우! 이~ 아름다움… 놀랍습니다?!"

　사람은 사회적인 동물이다. 게다가 현대사회는 여러 사람들과 연결되어 있는 세상이다. 한시라도 소통, 공감할 수 없다면 더불어 살아갈 수 없는 사회적 구조이다. 그야말로 소통과 공감은 현대인의 삶의 기본적 수단이다. 뿐만 아니라 사람과 사람 사이의 관계에서 오는 소통의 즐거움 중에 큰 즐거움이다. 어떤 사람이 내 옆에 있으면 가슴이 두근거리는 기분 좋은 사람으로 인해 사는 맛이 난다. 입가에는 웃음꽃도 피어난다. 이런 사람은 영적인 능력이 있는 사람이다. 사람마다 영적인 힘이 있다. 그러한 영적인 힘이 사람들의 심장을 뛰게 하고, 사람의 마음을 변화시킨다. 그런데 왜 우리들은 다른 사람을 감동시키지 못할까? 감동하는 것도 재능이다. 가령 남의 이야기를 듣고 감동하는 것만으로도 감동하지 못하는 경우보다 이야기의 내용을 이해하고 파악하는 정도가 사뭇 다르다. 감동을 잘하면 기억력도 좋아지고, 독창적이고 참신한 생각도 잘 떠오른다. 감동은 뇌의 주요 활성 요인이다. 감동을 잘하는 것도 실은 대단한 재능이라 할 수 있다.

　매사에 무덤덤하고, 표정도 없고 웃음도 눈물도 없고 돌처럼 굳어 그 어떤 일에도 감동을 모른다면 얼마나 재미없고 삭막한 사람일까? 좋은 사람과 어울려 웃을 때 같이 웃고, 울어야 할 때 함께 울고, 감동을 나누며 살아가는 것, 그것은 재능을 넘어 축복이라 할 수 있다. 매일 매일 입으로 감탄하고, 몸으로 감동하며, 가슴으로 감격하는 삶이라면 진정 아름답고 멋진 인생이 될 것이다. 하루하루 순간순간을 최고의 리액션, 경이적인 놀라움Interrobang으로 가득 채워라!

상대방은 무엇을 원하는가?

무엇이 우리의 행동을 지배하는가? 우리의 행동을 이끌어내는 진짜 원인이 무엇인지 알게 된다면 개인적 차원은 물론 사회적 차원에서도 우리가 더 나은 판단과 의사결정을 하는 데 큰 도움이 될 것이다. 우리의 상식과 일상 경험은 많은 경우 우리를 지배하는 건 이성이 아닌 비이성, 혹은 감정이라는 사실을 알려준다. 다음의 내용을 살펴보며 공감과 소통을 보다 원활하게 할 수 있는 방법들을 알아보자.

관점의 전환 (상대가 뭘 원하는지를 찾아라)

소비자심리와 구매행동 분석을 통한 마케팅의 핵심은 고객의 니즈 Needs와 원츠Wants라고 할 수 있다. 흔히 '고객의 니즈를 파악하라'라고 강조하는데 원츠 또한 빼놓을 수 없는 중요한 마케팅 요소다. 넓은 의미에서 원츠는 니즈에, 니즈는 원츠에 포함시키거나 혼용된 개념일 수 있다. 그러나 엄밀히 따지면 '니즈Needs'와 '원츠Wants'는 분명 다르다. 일반적으로 '욕구'로 표현되는 '니즈'는 '~하고 싶다'는 의미보다는 '필수적'인 성격을 담은 '필요'의 개념이다. 반면 원츠는 '필요'보다는 '원하는 것'의 의미로 좀 더 세분화된 개념이다. 배고픈 사람이 음식을 먹고 싶다는 '욕구'와 '필요성'이 '니즈'라면, '무엇을 먹을까' 하는 고민이 바로 '원츠'다. 소비자의 원츠에는 맛, 제품, 가격, 디자인, 서비스 등 여러 가지 구매결정 요인이 담겨있다.

상대방을 나에게 빚진 상태로 만들어라

길을 지나가는 사람에게 장미 한 송이를 건네며 "이것은 제가 당신에게 드리는 선물입니다."라고 말한 다음 "실례가 안 된다면 어려운 사람들을 위해 모금해 주시겠습니까?"라고 한 경우 그렇지 않은 경우보다 수배의 성과를 거두었다고 한다. 인간이란 원천적으로 신세를 지기 싫어하는 속성을 지녔다. 장미를 받고 성금을 한 후에야 비로소 그들은 자유의 몸으로 돌아오게 되는 것이다. 이러한 심리의 법칙을 악용하는 경우가 우리 주변에 많다. 만약 한 소년이 당신에게 다가와 "5달러짜리 서커스 티켓을 사주세요"라고 말한다고 해보자. 당신이 이를 거절한다면 소년은 다시 말할 것이다. "정 그러시다면 초콜릿 하나라도 사주세요"라고 말이다. 그 말을 들은 당신은 소년의 바람대로 초콜릿을 사줄 확률이 높다. 그렇게 되면 순식간에 2달러나 봉사하는 셈이 된다. 소년은 먼저 자신의 주장을 굽히는 호의를 베풀었다. 이것은 일종의 전략이었던 셈이다. 이 유발기제에 의한 당신의 행동은 불 보듯 뻔한 결과였다. 이렇듯 상대방이 거절할 수 없는 호의를 먼저 베푸는 것이 심리전에서 이길 수 있는 하나의 방법이다. '상대방을 나에게 빚진 상태로 만들어라'는 방법은 내가 먼저 상대방에게 작은 호의를 베풀어 훗날 더 큰 이익을 얻으라는 말과도 같다.

인정과 공감

법륜스님은 이렇게 말씀하셨다. "우리는 상대방에게 위로의 말이나 자기 경험을 말해줌으로써 남을 도와줄 수 있다거나 남을 가르칠 수 있다고 생각할 때가 있다. 하지만 자신의 말과 경험이 다른 사람을 위로할 수 있다는 생각은 욕심이란 것을 알아야 한다. 가끔은 누군가 건네주는 위로의 말이 오히려 견디기 힘들 때도 있으니 말이다. 무언가 도움을 주고 싶다면 그냥 함께 밥을 먹거나 가만히 손을 잡아주는 것이 좋다. 필요하다면 상대의 말을 들어주며 그 사람이 스스로를 이겨내도록 기다려주고 지켜봐주는 것이 더 큰 도움이 될 수 있다."

누군가에게 선물을 줄 때, 내가 좋아하는 것을 상대방에게 주는 것은 사랑을 달라는 행위다. 하지만 반대로 상대방이 필요로 하는 물건, 상대방이 좋아하는 물건을 선물한다면 그것은 사랑을 베푸는 행위라고 할 수 있다. 그것은 내가 사랑하는 상대의 존재를 있는 그대로 존중해 주는 사랑의 베풂이다.

캔더(Cander)

전 GE회장인 잭 웰치는 이렇게 말했다. 상사와 부하 관계에 가장 중요하게 생각하는 단 한 가지만 꼽으라면 바로 '캔더Cander'라고. 캔더를 우리말로 옮기면 '절대적 솔직함'이라는 의미다. 솔직함, 그것은 제대로 된 소통을 위한 출발이다. 이건 리더와 부하직원 사이에서만 필요한 건 아니다. 조직 내의 어디에서든지 적용시킬 수 있는 덕목이다.

절대적 솔직함이란 무엇인가? 잘못된 것을 잘못됐다고 이야기하고 솔직한 피드백을 통해서 다시 노력하여 새로운 기회를 부여받을 수 있도록 하는 것이다. 이것이 리더가 부하에게 할 수 있는 솔직함이라고 할 수 있다. 친한 사이 혹은 선후배지간이라는 이유로 칭찬만 하다보면 어느새 부하는 무능력하다는 꼬리표를 달고 언젠가는 회사를 떠나게 될 것이다. 부하를 정말로 끔찍이 사랑하는 마음이라면 꾸중할 땐 확실하게 말하자. 부하를 따로 개인적으로 불러 눈물이 찔끔 날 정도로 확실히 다그치자. 우는 부하를 측은지심으로 안아주는 리더가 진정으로 부하를 사랑하는 리더이며 솔직한 리더인 것이다.

진실하라

어떤 일을 하든지 진심을 다하라. 진실한 마음을 갖고 대상을 대하라. 진실한 것이 더 손쉬운 것이다. 어떤 일이든 거짓으로 해결하는 것보다는 진실에 의해서 해결하는 편이 보다 신속하게 처리된다. 거짓말은 문제를 혼란시키고 해결을 더욱 어렵게 할 뿐이다. 그러나 그것보다 더 나쁜 것은 겉으로는 진실한 척하며 자기 자신에게 거짓말을 하는 것이다. 그것은 결국 그 사람의 인생을 망치게 할 것이다. 자

신에게 진실하다면 세상에 두려울 것이 무엇이며 겁날 것이 또 무엇
이겠는가.

자기개방과 I message

솔직하게 자기를 개방하고 싶어도 주저하게 되는 때는, 아마도 부정적(화, 분노, 원망, 짜증, 미움, 적개심 등)인 이야기를 하고 싶을 때라 생각한다. 물론 사람마다 개인차가 있어서 어떤 사람은 긍정적인 말보다 부정적인 대화를 하는 게 익숙한 사람들도 있다. 그러나 일반적으로 긍정적인 표현보다 부정적인 표현을 하는 것이 더 어렵다. 부정적인 표현을 자연스레 삼가게 되는 경우도 있다. 특히 직장에서는 더욱 그렇다. 누군가에게 기분이 상했거나, 화가 났다고 하더라도 자기감정을 맘껏 드러낼 순 없다. 자기개방을 하는 게 좋다고 해서 어떤 여과도 없이 자기감정을 무조건 드러내는 경우는 드물다.

우리네 직장인들은 하루에도 몇 번씩이나 말을 삼키곤 한다. 부정적인 말들을 하려다가도 참고, 다시 삼켜버리게 되는 게 현실이다. 내 마음속에 있는 말을 다 하고 싶어도 다 할 수 없고, 그것을 어떻게 해야 될지 몰라 속으로 부글부글 하다가 혼자서 참고 만다. 아마도 윗사람들에게는 더더욱 그러할 것이다. 대부분의 직장인들은 자신이 노력한 부분에 대해 알아주기를 바라고, 내가 한 업무에 대한 긍정적인 피드백을 통해 칭찬과 인정을 받기를 원한다. 그러나 인정반응보다는 평가, 비난, 질책, 충고, 경고, 위협 등의 메시지를 받게 될 때 우리는 낙담, 불안, 긴장됨, 초조함, 두려움, 수치심, 자책감, 분노, 적개심 등의 부정적인 감정을 경험하게 된다. 이럴 때 어떻게 반응을 할 것인가?

우선 감정이 고조되어 있는 상태에서는 즉각적인 반응을 멈춘다. 왜냐하면 감정적으로 대처하게 되면 자신이나 상대방에게 피해를 주기 때문이다. 그때에는 그 자리를 떠나거나 심호흡 등을 통해 감정의 흐름을 깨달아야 한다. 내 마음에 드는 감정이나 느낌을 바라보면서 상대방의 어떤 반응으로 인해 지금의 기분 상태가 되었는지 파악해야 하는 것이다. 그리고 나서 그 사람에게 내가 하고 싶은 말은 무엇인지 생각해보는 시간을 갖는 거다. 이때 I message를 사용해서 이야기하면 다소 안전하게 자기 개방을 할 수 있게 된다.

첫째, 나를 주어로 해서 이야기를 시작한다(You를 주어로 사용하게 되면 상대방을 비난하는 식으로 대화가 흐르게 된다).

둘째, 상대방의 문제가 되는 행동과 상황을 구체적으로 말한다.

셋째, 상대방의 행동이 나에게 미친 영향을 구체적으로 말한다(생략해도 됨).

넷째, 상대방의 말이나 행동으로 인해 야기된 자신의 감정을 인정하고 이를 솔직하게 말한다.

다섯째, 내 말을 전달한 후에 상대방의 반응에 귀를 기울인다.

구체적인 예를 들어보자. 만일 어떤 상사가 부하직원에게 일을 지시했는데 마감 기한까지 일의 결과가 나오지 않는다고 가정해보자. 이럴 때 상사가 직원에게 "쓸데없는 소리 좀 그만하고 제발 시키면 시키는 대로 일 좀 해 봐라."라고 말한다면 어떻게 될까. 아마도 부하직원의 사기는 더 떨어지고, 마지못해 일을 마무리하게 될 것이다. 이럴 때 상사가 I message를 사용한다면 사용하는 언어가 이렇게 달라질 것이다. "내가 지시한 일의 결과는 나오지 않고 있다. 그런데다가 오히려 너는 '꼭 마감을 지켜야 합니까'라고 말하니(구체적인 행동) 나는 몹시 답답하다(감정 또는 영향)." I message를 사용한다면 이 정도로 바꾸어 말할 수 있다. 이렇게 말하고 나서 부하직원이 하는 이야기를 들어준다면 정말 멋있는 상사가 되지 않을까. 이와 같은 말하기 방식을 멋진 상사님들이 적용해보면 좋겠다. 마지막으로 대화법을 안다고 해도 즉각적으로 적용하기는 어려울 것이다. 그리고 막상 현실에 직면하게 되면 어떻게 시작해야 될지 난감해서 원래 말하던 방식으로, 예전에 했던 방식대로 하게 된다.

우선은 대화법을 적용하기에 편안한 대상, 또는 안전한 대상에게 연습해보기를 권한다. 그런 대화가 좀 익숙해지게 되면 점차 확대해서 대인관계에 적용할 수 있다. 그렇게 되면 언젠가는 I message 화법이 자연스레 몸에 배어 보다 평화로운 소통을 할 수 있을 것이다.

귀납적 접근 방법과 연역적 접근 방법

연역적 접근 방법은 연사가 청중에게 무엇을 원하는지를 연설의 서두로 삼고 나머지 부분에서 청중이 자신이 원하는 대로 해야 되는 이유와 논거를 설명하는 접근 방법이다. 귀납적 접근 방법은 연사가 여러 가지 이유와 논거들을 먼저 설명하고 이러한 이유와 논거가 필연적인 결론, 즉 청중에게 바라는 내용에 이르는 것이다.

대부분의 경우 연역적 접근 방법이 보다 효과적이다. 연역적 방법이 청중이 따라가기 더 쉬운 논법이기 때문이다. 그러나 청중이 연사의 목적에 적대적인 반응을 보일 것을 미리 아는 경우에는 귀납적인 접근 방법을 사용하는 것이 유리하다. 그렇게 하면 청중은 적어도 연사의 주장과 논거를 듣게 될 것이고 연사의 입장에 대한 그들의 저항감을 완화시킬 수도 있을 것이다. 다음은 설득에서 좋은 결과를 가져오기 위한 말하기 방식이다. 두 가지의 방법이 있다.

먼저 연역적 두괄식 나열법으로 말하라. 결론을 먼저 말하고 이유를 설명하는 것이다. 이를테면 "~라고 생각합니다. 그 이유는 첫째 ~이고, 둘째 ~이며, 셋째 …입니다."

설득하려면 반박의 여지를 없애라. 아들이 말했다. "아빠, 물 좀 갖다 주세요." "냉장고에 있으니까 네가 갖다 먹으렴." 5분 후 다시 아들의 말, "아빠, 물 좀 갖다 주세요." "네가 직접 가서 마시라니까." 또 5분후, "아빠, 물 좀 갖다 주세요." 아들이 말했다. "갖다 먹어! 한번만 더부르면 혼내주러 갈 거야!"

다시 5분 후, "아빠, 혼내주러 오실 때 물 좀 갖다 주세요."

논리적인 이유를 내세우거나 설령 인간적인 입장을 내세우더라도 설득에 대한 반발의 심리를 지니고 있으면 효과를 얻기 어렵다. 그러므로 일방적으로 설득할 수 있는 적극적인 기술이 필요하다.

상대의 변명을 듣고 있다 보면 설득하고자 하는 이쪽의 결심이 자꾸 흔들릴 뿐만 아니라 종래에는 입을 열 수 없을 정도로 상대의 변명을 듣기에만 급급하게 될 수도 있다. 설득의 말은 짧으면서도 상대에게 반박할 여유를 주지 않는 적극적인 표현이 좋다.

상대방의 잘못에 대해서는 상대가 더욱 잘 알고 있다는 사실을 잊지 말아야 한다. 상대방의 잘못된 생각에 대해 반대하고 싶더라도 우선 참아야 한다. 말을 채 끝내지 못한 상대에게 이야기를 중단시킨다면 불쾌감을 일으켜 설득하겠다는 생각은 한낱 물거품에 지나지 않게 된다. 상대에게 자기 자랑을 하게 만드는 재치가 설득을 유리하게 발전시킨다. 프랑스의 철학자인 라 로슈프코는 "적을 만들고 싶으면 친구에게 이기도록 하고 우정을 쌓으려면 친구가 이기도록 하라."라고 말했다.

인간은 누구나 상대보다 뛰어나 있을 경우에는 자신을 느껴 우월한 기분에 잠기게 되므로 이런 순간을 포착하여 설득을 하면 쉽사리 가능해진다. 사람들은 대개 상대방이 매사에 겸손한 자세를 취할 경우 그 사람에게 호의적인 반응을 보이는 경향이 있다. 묘하게도 인간 심리란 타인의 성공을 즐거워하기보다 불행을 더 기뻐하는 면이 강하다. 무작정 자기의 이야기에 얼이 빠져 상대의 입장을 인정하기에 인색하면 역시 마찬가지로 이쪽도 인정을 받지 못하게 된다. 상대의 말을 끝까지 경청하라. 그러면 설득은 보장된다.

설득을 하려고 할 때 가장 중요한 것은 상대가 설득에 대해 거부 반응을 나타나는 것이 어쩌면 인간적인 본능이라고 할 수 있다는 것이다. 그러므로 상대를 설득할 때 전적으로 호의적인 반응을 보이리란 안이한 생각은 위험하기 짝이 없는 사고방식이며 그보다 장애가 더 많이 개재되어 있다는 사실을 인식해야 한다. 사사건건 시비를 가리려고 하는 태도는 역효과를 나타내 설득의 기회를 찾지 못한다. 장애가 대두될 때에는 처음부터 이해하는 태도로 출발하라.

상대가 소심한 편이어서 설득을 받아들이는 태도가 미온적이면

'선생님은 사려가 싶으시군요.' 하고 외골수의 고집을 피우면 '신념이 굳은 편이십니다.' 하는 식으로 상대에게서 풍기는 장애의 분위기를 좋게 해석해서 말한다. 또한 설득의 말을 잘 듣지 않으려는 사람에게는 뻔뻔하고 거만하다는 생각을 하기에 앞서 '무척 솔직하신 편입니다.' 하는 칭찬의 뜻으로 설득의 장애를 유리하게 이끌어 간다. 말의 주체는 자기이지만, 말하는 방법의 주체는 듣는 이이다. 상대의 조건, 처소의 상황, 어떤 종류의 사람, 성격 등 연구가 필요하다.

삶의 최고의 기술, 솔직함

연예인이 인기를 끄는 경우는 다양하다. 뛰어난 연기력으로, 놀라운 가창력으로. 그러나 솔직함 하나만으로도 대중들이 빠져들게 하기에 충분하다. 사실 보통 사람도 마찬가지다. 좀처럼 솔직한 사람들을 만나기가 힘들다. 어떤 미팅이건 모임에서건 마음을 닫고만 있다. 조금 더 솔직하면 쉽게 해결될 수 있는 문제도 서로의 솔직함이 부족해서 장기 과제가 되기도 한다. 그런 점에서 솔직함은 인간관계나 비즈니스를 좀 더 효율적으로 만들어 준다고 할 수 있다. 진정한 솔직함으로 다른 사람의 마음을 움직일 수 있는 것이다.

오키나와 장수촌 마을의 백세 노인들의 공통점 중에 하나가 바로 자기감정을 솔직하게 표현한다는 점이다. 솔직한 감정표현이 장수의 비결이기도 하다. 솔직하려면 우선 자기 자신에게 진실되어야 한다.

그러니 좀 더 진실되고 솔직하게 살자. 인간관계에서 제일 중요한 것은 소통이다. 우리의 인생은 관계의 연속이다. 부모, 형제, 자매, 연인, 친구, 선배, 후배. 이웃, 동료, 사업 파트너 등등. 행복이란 어쩌면 목표를 달성하는 그 자체보다도 목표에 달성하는 순간의 기쁨을 사랑하는 이와 함께하는 순간에 달려 있는지도 모른다. 이처럼 삶에서 관계와 소통은 행복의 중요한 요인이라고 할 수 있다.

소통이란 말은 곧 막히지 않고 흐른다는 뜻이다. 물길과 물길이 만나 흐를 때 더 넓은 물길을 만들어 나갈 수 있다. 물길이 서로 만났음에도 흐르지 않고 막히게 되면 곧 터지게 되는 것이 자연의 이치다. 소통이 안 되면 고통이고, 소통이 잘 되면 화통이다. 사람과 사람과의 물길이 트려면 상대방의 마음에 잠긴 빗장을 먼저 풀어야 한다. 어떻게 그 빗장을 풀 수 있을까? 첫 번째, 상대에게 관심을 가져야 한다. 두 번째, 상대의 장점을 인정한다. 세 번째, 상대를 사랑하면 된다.

그렇게 하려면 먼저 나 자신이 열린 마음을 가져야 할 것이다. 나 자신 안에 있는 두 마리의 개를 버려라. 즉 '편견'과 '선입견'을 버려야 한다. 복잡하고 어렵게 생각하면 끝이 없다. 딱 두 가지만 실천하라. 첫 번째, 먼저 다가가기. 두 번째, 먼저 배려하기.

설득하려면 인간의 심리를 이용하라

사람에게는 자신이 가지고 있는 기본적인 태도를 쉽게 바꾸려 하지 않는 경향이 있다. 이미 형성된 태도를 깨뜨리려 하는 모든 시도에는 강하게 반발한다. 이를테면 선거홍보 기간이라고 하자. 선거를 앞둔 한 사람에게는 이미 마음속으로 지지하는 후보가 있다. 그 사람의 마음은 확고하다. 그런 이는 언론매체에서 그 후보에 대한 신문 기사를 접할 때 비판적 기사보다는 호의적 기사를 선호하여 읽는 경향이 강해질 것이다. 설령 그 후보와 관련한 부정적인 기사를 접하더라도 그 기사를 인정하기보다는 상대 후보의 비방이나 '마타도어' 전략으로 간주해 버리고 말 것이다. 이처럼 사람들은 살면서 자신이 고수해 온 자세나 믿음을 지키려는 성향이 강하다. 누구나 그렇다.

그런 이유에서 대부분의 사람들은 자신의 생각이나 주장을 남에게 설득당하지 않으려 한다. 그러니 서로 반대되는 의견을 가진 두 사람이 갈등을 빚는 것은 당연한 일이다. 이럴 때 필요한 것이 바로 설득이다. 상대방의 마음을 설득시키는 힘이 중요하다.

설득 화법에는 다음과 같은 3단계가 있다. 첫 번째, 수용하는 태세를 만든다. 유머 같은 것을 이용해서 분위기를 부드럽게 하여 마음을 연다. 두 번째, 기대를 표한다. 세 번째, 방법을 제시하고 결심을 촉구한다. 목표만 표시하고 일의 전부를 맡기는 것은 자신감을 잃게 하는 것이다. 여러 가지 방법을 제시하고, "그러면 알아서 해 주십시오."하고 일임하는 게 좋다.

인간에게는 무엇을 이루어 내고야 말겠다는 '달성 욕구'와 실패하기를 피하려는 '실패 회피 욕구'가 있다. 열등감이 있는 사람은 대개 다른 분야에서 보상을 모색하여 자신의 열등감이 우월감으로 대체되기를 희망한다. 학력이 부족하다고 생각하는 사람이 재력으로써 자신을 과시하려 하거나, 재능이 부족하다고 생각하는 사람이 폭력으로써 자신을 과시하는 형태로 변모되는 경우가 있다. 보상이 정상을 넘어서면 과보상이 되는데, 말더듬이라는 열등감에 대한 보상으로 그리스 제일의 변론가의 명성을 얻었던 데모스테네스가 그 대표적인 사례다. 그렇다면 설득에 성공하기 위해서는 상대방의 어떤 심리를 어떻게 자극해야 할까.

설득하려면 명분을 앞세워 상대의 공명심을 자극하라

어떤 사람이 차를 몰고 한적한 시골길을 달리고 있었다. 그러다가 갑자기 눈에 띄는 커다란 글씨로 씌어 있는 표지판을 보게 되었다. 거기엔 '개 조심'이라고 씌어 있었다. 조금 더 걷다 보니 또 표지판이 나타났다. 이번엔 더 큰 글씨로 씌어 있었다. '개 조심.' 잠시 후 그는 농가에 도착했다. 집 앞에는 조그마한 '푸들' 한 마리가 앉아 있었다. 그 사람이 물었다.

"이게 뭐요. 저렇게 조그만 강아지가 집을 지킬 수 있단 말이오?"

주인이 말했다.

"아니오. 천만에요. 집은 '강아지'가 아니라 표지판들이 지켜 줍니다!"

명분을 앞세워 상대의 공명심을 자극한다. 명분은 항상 인간들에게 희망적인 꿈을 갖게 하고 공명심을 자극하여 새로운 세계를 열망하게 만드는 마력을 지니고 있다. 회의에 빠져 있는 사람이나 도전적인 목표를 찾고자 하는 사람을 고무시키는 기폭제의 역할도 한다. 따라서 협조, 동의를 얻고자 하는 상대라면 이러한 공명심을 자극하여 마음을 사로잡는 기지가 필요하다.

따라서 공로는 상주고 과실은 벌해야 한다. 신상필벌信賞必罰이 이것이니 공과 실은 조금도 혼동해서는 안 된다. 만일 이를 혼동하면 게으른 마음을 품게 만들어 직무에 충실하지 않게 될 것이다. 그러나 은혜와 원한은 지나치게 밝혀서는 안 된다. 만일 이를 너무 따져서 은인은 후하게 대하고 원수는 박하게 대하면 이윽고 인심을 잃어 사람들이 모두 배반하고 떠나갈 것이다.

동료나 아랫사람에게 용기와 의욕을 자극시켜 더 나은 목표로 지향케 하기 위해서는 격려의 언어가 필요하다. 사람은 스스로 자기의 잠재적 능력과 가치를 인식하지 못한다. 따라서 빙산처럼 파묻혀 있는 인간 능력의 무한한 가치를 독려키 위한 분발 자극하는 화법을 구사하는 것이 좋다. 성공시킬 용기를 갖지 못한 상대에게는 지금 이 기회가 일생에 단 한 번 뿐이라는 사실을 강조하라.

동료나 직원들을 분발시켜 최대의 능력을 발휘코자 하면 그들의 잠재적 장점을 인정해야 한다. 잠재적인 장점이란 밖으로 표출되면 곧 능력의 확대를 가져올 수 있는 것을 말한다. 또한 미진한 부분을 개척하여 자기의 영역을 넓히는 과정이라고도 할 수 있다. 분발의 계기란 항상 가능성을 얻을 수 있는 데에서 이루어진다. 직장의 인간관계에서 불화가 빚어지는 대부분의 많은 원인은 바로 서로간의 오가는 대화에 있다. 언어의 잘못된 선택으로 갈등이 빚어지는 경우가 대다수다.

아랫사람의 분발을 촉구할 경우의 언어는 곧 그 사람에게 자기보다 우위에 설 수 있다는 감정을 불러일으키는 말씨를 사용해야 한다. 순간적이나마 사회적인 위치를 역전시켜 상대의 만족감을 유도하는 것이다. 사람은 누구나 열등감이 우월감으로 변화할 때 분발하게 되는 것이므로 정중한 부탁의 말로 상대를 압도할 일이다.

우리가 느끼고 있는 열등감은 타인의 지적이나 평가 때문에 촉발된다. 타인의 평가에 민감한 사람일수록 열등감이 심하고 아울러 대화에도 자신이 없다는 사실을 알았다. 따라서 열등감 해소 방법으로 주위의 단정에 개의치 않는 대담성이 필요하다. 자기를 만인들과 동등하게 놓고 객관적으로 바라다 볼 줄 아는 지혜를 기르면 된다. 더 효과적인 방법으로는 열등감의 원인을 추적하여 시정하는 것이다.

욕망을 자극하라

인간의 모든 행동은 욕망의 원천에서 샘솟은 지류에 불과하다. 따라서 사람의 마음을 사로잡아 분발시키려면 격렬한 욕망의 불꽃을 심어 주는 것이 효과적이다. 정신분석학자 프로이드는 욕망과 성의 충동이 인간 행동의 두 가지 동기라고 했다. 위대해지고 싶다. 남보다 우위(優位)에 서서 자기의 존재를 과시해 보고 싶다고 하는 기분이야말로 인간의 본능이며 분발을 재촉하는 자극제인 것이다. 아랫사람을 통솔해 본 경험이 있는 사람에게는 사람의 능력을 더욱 발휘할 수 있도록 하는 방법으로 직선적인 요구나 노골적인 부탁보다는 우회적이며 측면적인 방법이 적절하다.

인생의 묘미란 보이지 않던 것을 스스로 발견하여 기쁨을 얻는 데 있다. 오른손은 자꾸 사용함으로써 숙련되고 자유스러우나 왼손은 오른손에 의해 가려진 나머지 자유스러움을 잃어 간다. 만약 당신이 왼손에 자유스럽고 숙련됨을 갖고자 한다면 갑작스런 사용보다는 점진적인 활용으로 능력을 갖도록 할 일이다.

남자나 여자나 남에게 미움을 받기 좋아할 사람은 없다. 이 말은 너무도, 당연한 말이기 때문에 더 부언할 필요도 없다. 실제로 자기가 잘못되어 가는 것을 자각하고 있으며 그로 인해 남들의 미움을 받고 있다는 사실을 인식하고 있으면서도 그 모순 속에서 자기 자신을 해방시킬 줄 모르는 사람이 무척 많다. 인간사회의 실제적인 고민은 바로 이런 것이다. 그러나 더욱 안타까운 것은 이러한 고민은 해결이 불가능한 것은 아니며 자기 자신의 혼란도 정화가 가능하다는 것이다.

누구든지 남에게 인정받으려고 한다는 것이 사실인 바에야 그들도 호의적으로 대해 주면 오히려 더욱 긴박한 유대를 맺을 수 있는 소지가 있다. 어려운 난관에 봉착해서 불안에 떨고 있는 사람도 마찬가지다. 난관에 봉착하게 되면 의욕이 감퇴되고 쓸데없는 불평이 늘게 되고 사사건건 사람 그 자체를 싫어하게 된다. 이런 처지의 사람에게 도움을 줄 때면 확실히 새롭게 되고 싶다는 강렬한 욕망에 휩싸이는 모습을 볼 수 있다. 역설적인 말이지만 까다로운 상대일수록 마음을 붙잡기가 쉽다는 사실에 주의해야 한다.

예를 들어 극도로 의심이 많은 사람을 대할 때는 누구든지 까다로워 처세가 어렵다는 핑계로 기피하게 되고 끝내 그 사람은 외로운 처지에 놓이게 된다. 때문에 의심하는 심리 그 이면에는 무엇이든지 신용하고 싶은 반발적 심리가 잠재해 있기 마련이다. 이런 부류의 인간에게는 대담하고 자신 있는 태도로 임해야 되며 그의 의심증을 덜어주기 위해 진력하는 태도를 보이면 호의를 보이게 된다.

상대방의 자긍심을 부추겨라

부자는 남들이 자신을 가난하다고 말해도 화를 내지 않는다. 미국에서 캐딜락 승용차를 가장 많이 구입하는 부류는 흑인이라고 한다. 자존심이 강한 사람은 성급하게 화를 내거나 과시욕에 사로잡히지 않는다.

자긍심이란 가치 있는 일을 하고 있다는 자각과 있는 힘을 다 쏟고 있다는 자부로 성립된다. 자긍심을 가지고 일하기 위해서는 자기가 하는 일의 의의와 가치를 스스로 찾아야 한다. 자긍심을 가지고 일을 하는 사람은 자신의 일에 최선을 다하게 된다. '지루하고 따분한 일', '별 볼 일 없는 일'이라고 자기 일을 과소평가한다면 일의 성과도 없을 뿐더러 긍지도 가질 수 없다.

사람은 자기를 높이 평가하는 사람에게는 호감을 가진다. 그러지 않은 사람에게는 호감을 갖지 않는다. 남이 물건을 샀을 때, '그래요? 그 옷 한 번 세탁하면 물이 빠져서 못 입을 것 같은데요!'라고 했다면 상대방은 자존심이 상해서 매우 불쾌하게 생각할 것이다. 하지만 반대로 '참 안목이 높으시군요. 이거 어디서 사셨어요?'라는 말을 하면, 그 말을 듣는 상대는 칭찬을 받고는 상당한 긍지를 느끼게 된다.

자긍심을 채워 주면 보수가 별것 아닌 일에도 기꺼이 참여하는 것이 인간이다. 사람은 개인이 가지는 다양한 생활 방식과 사고방식을 인정하면서 자기 나름의 지침도 마련해야 한다. 다시 말하면 자기의 일과 인생을 소중히 여기면서 나아가야 할 방향을 확실히 정해야 한다.

어느 시대에서도 지도력의 원천은 자기 자신에게 가지는 긍정적인 자세에 있었다는 것을 명심해야 한다.

또한 상대방에게 새로운 정보를 제시하는 것도 중요하다. "그 얘기는 이미 수없이 들었어요." 당신의 방식대로 사물을 보지 않으려는 어떤 사람으로부터 이런 말을 들어 본 적이 있는가? 그런 얘기를 듣고도 여전히 당신이 옳고 그가 그릇된 이유를 설명하려고 애쓴다면 쓸데없는 고생을 하고 있는 것이다.

당신은 새로운 정보를 제시하지 않으면 안 된다. 당신의 견해를 입증할 만한 새로운 연구나, 새로운 자료나, 새로운 통계자료를 제시하라.

끌리는 사람은 어떻게 다를까?

기쁨이나 즐거움을 전달할 때에는 진심을 다해 말해야 한다. 감정 표현을 할 때에는 진심이 들어간 육성이어야 한다. 감정은 자연스레 안면근육에도 영향을 주게 마련이다. 정말로 기뻐서 얘기한다면 입술이나 눈이나 눈썹 근처도 기쁨에 젖어 씰룩일 것이다. 이런 표정을 본 상대방은 나의 진심을 느낄 수 있을 것이다.

사람에 따라서는 그 진실된 감사를 받는 것이 무엇보다도 즐거워서 열심히 요리를 만들고 정보를 운반하고, 또 노력하는 경우가 있다. 때문에 감사를 잘하는 사람은 상대방에게 좋은 기운을 불어넣어 주기도 한다. 사람들은 아무리 사소한 것이라도 남에게서 무언가를 받으면 고맙다는 말을 한다. 그러나 이 간단한 한마디를 하지 않음으로써 인간관계의 불협화음이 의외로 많이 생긴다. 쑥스럽다는 이유로 혹은 가깝다는 이유로 감사의 말을 생략하는 우를 범하지 말라!

『시경』에는 "복숭아를 선물 받고, 자두로 답례하라."라는 구절이 있다. 이는 은혜의 많고 적음에 관계없이 상대방에게 무언가를 받으면 반드시 감사하는 마음으로 보답해야 함을 뜻하는 말이다. 은혜에 보답하는 일, 감사의 마음을 전하는 일처럼 훌륭한 것이 없다. 그러니 때를 놓치지 말고 감사의 말을 전할 일이다. 상대방에게 선물을 줌으로써 감사의 마음을 표현하는 경우도 있다. 각 선물마다 지니는 의미도 있다. 어떤 선물에는 어떤 의미가 담겨 있을까?

선물에 담긴 이야기

① 인형: 선물의 의미는 "나를 안아 주세요."이다. 뭣도 모르고 인형을 덥석 받았다간 뭣도 모르고 상대방에게 덥석 안기는 수가 있다.

② 반지 : 고대 왕국에선 왕비와 후궁들이 왕의 성은(?)을 입을 때 반지를 왼손에 끼었다고 한다. 또 잠자리가 끝나고 왕의 침소를 물러날 때는 다시 오른손에 반지를 옮겨 끼운 후 물러 나왔다고 한다. 왕의 성은을 받고자 하는 여성은 은반지를 낌으로써 언제라도 성은을 받겠다는 표시를 했고, 금반지를 낌으로써 왕과의 잠자리를 면할 수 있는 권리가 생겼다고 한다. 그리고 볼에 연지를 찍음으로써 자신이 생리 중이라는 사실을 왕께 알렸다고 한다. 혹시 뜻을 모르고 왼손에 반지를 착용하셨다면 오른손에 반지를 끼도록…. 이제 약혼반지를 왼손에 끼는 이유를 알겠는

가! 따라서 반지의 의미는 한마디로 "넌 내 거야!"라는 의미다.

③ 목걸이 : 목걸이의 뜻은 아주 야하다. 목걸이를 상대방에게 직접 걸어주는 행위는 "당신과 하나가 되고 싶어요."라는 의미를 지닌다. 그러니 상대방에게 함부로 목걸이를 선물했다간 오해받기 십상이다.

④ 꽃 : 사랑하는 사람과 늘 함께하고픈 갈망을 나타낸다. 선물의 의미는 "당신과 늘 함께하고 싶습니다." 요즘 결혼 신청할 때는 "나 너랑 매일 9시 뉴스 같이 보고 싶어." 내지는 "아침에 일어나서 맨 처음 보는 사람이 너라면 좋겠어."라고 말한다고 한다. 이렇게 말로 하는 프로포즈도 좋지만, 때로는 아무 말 없이 꽃 한 송이 내미는 것도 괜찮은 프로포즈라고 할 수 있지 않을까.

⑤ 만년필 : 선물에 담긴 뜻은 "당신이 성공하길 바랍니다." 선물하는 사람에게 성공을 빌어주는 마음, 정말 아름다운 마음이 아닐까?

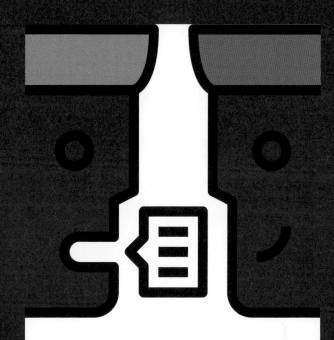

제4장

회사에서
어떻게
소통할까

아랫사람을 다스릴 줄 알아야 진정한 리더다

아랫사람에게 덕德을 쌓지 않으면 절대로 출세할 수 없다. 지혜가 있는 사람은 아랫사람을 잘 활용할 줄 아는 사람이다. 아랫사람과 단절의 벽을 쌓고 있는 지도자는 훌륭한 상사로 진급할 수 없듯이, 후배들로부터 뭔가를 배우겠다는 자세가 없는 사람은 무능한 사람으로 전락하고 만다. 직장 상사 중에 "내 말이 말 같지 않아?"라고 소리치는 사람은 대개 매우 권위적이다. 이런 이들의 공통점은 아랫사람의 의견은 번번이 묵살해 버리고 자기 의견만 고집한다는 공통점을 가지고 있다.

권위적인 사람일수록 자기보다 나이가 적거나 지위가 낮은 사람에게 절대복종을 요구한다. 받아들여지지 않으면 이성을 잃고 상대방에게 고함을 친다. 이러한 권위주의적인 면은 보는 이들로 하여금 반항과 도전을 불러일으킨다. 따라서 윗사람이 권위를 내세워 소리를 지를 때면 그 밑에 있는 사람들 대부분은 속으로 욕을 하기 마련이다. 그 명령이 마음으로부터 받아들여지지 않기 때문이다. 권위주의자들이 마음속에 새겨야 할 마음자세가 있다. 다음을 살펴보자.

첫째, 아랫사람을 무시해서는 안 된다.

은행 대리로 있던 중년 남자가 명예퇴직하여 레스토랑에서 아르바이트를 하게 되었다. 아르바이트 첫날이었다. 남자 손님이 들어왔다. 키가 아주 큰 남자였다. 그는 자리에 앉더니 그 남자에게 "아저씨, 여기 돈가스 하나 주세요."라고 무게 있는 목소리로 주문했다. 아르바이트생 남자는 "곧 갖다드리겠습니다."라고 말했다.

몇 분 후, 식사를 가지고 온 그 남자가 주문한 손님에게,

"저, 손님 혹시 연배가 어떻게 되시나요?"라고 물었다. 그 손님이 "난 스물다섯 살이오." 하며 또다시 무게 있게 말하는 것이었다. 그러자 그 남자가 하는 말,

"짜샤, 먹어."

나이가 자기보다 어리다는 이유로 상대방에게 무례하게 구는 사람은 그 순간 상대방으로부터 경멸당하고 있다는 사실을 명심하라. 어떤 회사에 가 보면 '네가 알면 얼마나 알아?' 하는 식으로 매사에 철저히 아랫사람을 얕잡아 보는 사람이 있다. 이것은 자신의 결코 많지 않은 경험과 실력으로 군림하려는 태도이다. 이런 사람은 일일이 잔소

리를 해야 직성이 풀린다. 이런 식의 잔소리는 유치원에 다니는 친자식에게조차 먹혀들지 않는다. 부하 직원은 '무서워서 피하냐? 더러워서 피하지' 하면서 입을 다물어 버린다. 이때부터 현보관계가 깨지는 것이다. 상사는 자기도 모르는 사이에 후배나 부하를 통솔하지 못하는 무능한 위치로 전락하게 된다.

둘째, 상대방이 자신보다 나이가 어리다고 해서 거드름을 피워선 안 된다. 아랫사람에게 거드름을 피우는 것은 자신이 상대보다 위에 있는 존재라는 사실을 끊임없이 확인하기 위해서다. 이런 사람들은 업무보다는 지위에만 관심이 있는 사람으로서 그런 사람일수록 윗사람에게는 손이 닳도록 아부를 한다.

셋째, 자상하게 가르쳐라.
자신을 이끌어 준 윗사람의 은혜에 보답하는 것이라 생각하고 윗사람에게서 배운 것을 아랫사람에게 가르쳐 주어야 한다.

넷째, 아랫사람에게도 한 수 배운다는 자세를 잃지 말아야 한다.
노래방에서 아랫사람에게 최신 유행곡을 배울 수 있듯이 그들로부터 젊은 시각으로 보는 사회의 흐름을 느낄 수 있고 새롭게 전개되는 유행도 배울 수 있는 것이다.

다섯째, 말을 아껴라.

아랫사람을 많이 거느리는 사람일수록 말을 아껴야만 그들을 통솔할 수 있다. 말 많은 사람의 속은 빤히 들여다보이기 때문이다.

관점전환능력을 발휘하라

　여섯 살 된 남자 아이가 유치원 수업 중에 소변이 마려웠다. 그래서 선생님께 다짜고짜 "선생님, 오줌 마려워요!" 하고 외쳤다. 그러자 '오줌'이라는 단어가 껄끄럽게 들린 선생님은 다음과 같이 말했다. "얘야, 수업 중에 소변이 마려우면 조용히 손을 들고 '선생님, 휘파람이 불고 싶어요'라고 말하는 것이 좋겠구나." 그런 일이 있었던 날 밤, 그 아이는 한밤중에 소변이 마려웠다. 그러나 혼자서 소변을 보러 가기가 무서웠다. 그래서 곁에서 주무시던 아빠를 흔들면서 "아빠, 휘파람이 불고 싶어요."라고 말했다. 아빠는 거의 잠꼬대처럼 대답했다. "밤중에 휘파람을 불면 뱀 나와요. 휘파람은 아침에 불고 지금은 그냥 자거라." 아이는 할 수 없이 그냥 잠을 자기로 마음을 먹었다. 그러나 소변이 마려워 더 이상 참을 수가 없었다. 다시 한 번 아빠를 깨웠다. "아빠, 아빠, 저요, 지금 휘파람 불고 싶어요." 그러자 아빠는 약간

짜증 섞인 목소리로 말했다. "밤에 휘파람 불면 뱀 나온다니까. 오늘은 그냥 자고 휘파람은 내일 불어!" 소년은 더 이상 참을 수가 없었다. "아빠, 난 지금 급하단 말이야. 지금 휘파람을 불고 싶다니까." 아빠는 할 수 없다는 듯이 말했다. "그러면 아빠 귀에다 대고 조용히 불어. 알았니?"

사람들은 상대방의 입장을 전혀 헤아려 주지 못하고 알량한 자존심을 내세워 자신의 의견을 고집하거나, 자신의 주장을 상대방에게 관철시키려는 경우가 많다. 그러나 한번쯤 상대의 입장이 되어 본다면 양보나 타협의 지혜를 발휘할 수 있다.

심리학에서 등장하는 '샐리앤' 실험이 있다. 여기 샐리와 앤이라는 두 소녀가 있었다. 두 아이가 유모차와 인형을 가지고 놀고 있었다. 그러다 샐리가 유모차에 인형을 넣어 놓고 방을 나갔다. 혼자 있던 앤이 잠시 후 유모차에서 인형을 꺼내 옆에 있던 나무 상자로 옮겼다. 그리고 방을 나갔다. 잠시 후 샐리가 다시 방으로 들어왔다. 여기서 문제! 샐리는 인형을 찾기 위해 가장 먼저 어디를 찾아볼까?

답은 당연히 '유모차'다. 하지만 이 질문을 만 4세 이하의 아이에게 하면 어떨까? 질문을 받은 아이의 100%가 '나무상자'라고 답할 것이다. 혹시 이 글을 읽는 사람 중에도 답이 나무상자라고 생각하는 이가 있다면 심리상담이 필요하다. 아이들이 그렇다. 인형이 나무 상자로 옮겨졌다는 사실을 내가 알고 있기 때문에, 상대도 당연히 알 것이라고 생각한다. 아직 어린 아이들이라 그렇다. 아이들은 한마디로 사물을 상대방의 관점에서 보지 못하고 내 관점으로만 본다.

심리학자들은 말한다. 인간은 만 4세가 지난 후부터는 관점전환능력이 생긴다고. 그런데 안타까운 것은 이것이다. 이렇게 얻어진 관점전환능력이 나이를 먹으면 먹을수록, 특히 성공에 대한 자신감과 추억이 많으면 많을수록 오히려 퇴행한다. 과도한 성공은 자신의 생각과 자신의 방식에 대한 근거 없는 확신을 낳기 쉽다. 한 마디로 고집이 강해지는 것이다. 이러한 강한 고집은 다시 '아집'으로 이어지기도 하다. 아집이란 한 마디로 편향적인 사고방식을 뜻하다.

심리학자들은 이를 두고 '소유 편향'이라고 부른다. 소유 편향이 심해지면 심해질수록 상대관점에 대한 관심은 줄어들게 된다. 상당한 노력을 들여 높은 자리에 오른 사람일수록 상대방의 관점과 입장에서 생각하는 데 서툰 사람이 많다. 협상이나 설득을 하다 보면 안타까운 유형의 사람들을 종종 발견하게 된다. 그건 바로 자꾸만 '자신의 얘기'를 하는 사람이다. '내 사정이 어쩌고, 우리 회사 사정이 어쩌고 하며 자기 얘기만 주야장천 한다. 어떤가? 과연 협상과 설득 테이블에 마주 앉아 있는 상대는 내 얘기에 관심이 있을까? 없다. 협상과 설득이란 그저 내 얘기만 하는 자리가 아니다. 상대방의 관점에서 상대가 관심 있는 얘기를 하는 자리다. 그렇다면 어떻게 하면 상대방의 관점에서 얘기할 수 있을까?

이를 도와주는 도구tool가 바로 '만달아트Mandal Art'다. 협상에선 만달아트를 이렇게 활용한다. 우선 상대를 중간에 놓는다. 그 상대를 중심으로 마인드맵처럼 가지를 뻗어나간다. 가지마다 다음과 같은 항목이 있다. 그 상대의 의사 결정에 영향력을 미치는 사람, 상대가 중요하게 생각하는 가치, 상대에게 당장 필요한 것wants, 상대의 취미나 기호. 이런 것들을 적는다. 만달아트를 그린 후 그 사람에 대해 한 번 더 생각해보면 그 사람의 관점에서 상황을 바라보는 데에 조금 더 수월해질 것이다.

아집을 버리고 생각을 보다 넓히려면 평소에 다양한 사고를 하는 훈련을 해야 한다. 어떤 대상이나 상황을 두고 여러 가지 시각으로 그것을 바라볼 수 있다는 사실을 잘 알고 있어야 한다. 신문의 '독자의 소리' 난을 보고 각각의 의견에 반대되는 주장을 논리적으로 세워 보는 것도 한 방법이다. 어떻든 이러한 방식으로 훈련을 쌓고 생활을 리듬화하면 자신의 견해를 고집하기만 하는 형태는 자연히 없어진다. 사고의 폭이 넓고 포용력이 있는 사람만이 설득에 성공할 수 있다. 우선적으로 포용력을 높이는 훈련도 필요하다.

설득이 필요한 순간은 보통 상대방과 나 사이의 의견이 충돌했을 때다. 보통 이런 상황일 때에는 둘 사이의 적당한 타협점을 찾는 것이 가장 이상적인 방법이다. 하지만 그게 말처럼 쉽지 않을 때도 있다. 수평적인 관계가 유지되기보다 한쪽에게 유리한 쪽으로 상황이 흘러갈 수 있기 때문이다. 그러므로 중간지점을 찾는다는 뚜렷한 의식이 없으면 자칫 한쪽이 다른 한쪽에게 자신의 의견을 일방적으로 주입하게 되는 상황으로 이어지게 된다. 또한 양쪽이 완전히 만족하는 타협점은 찾기 힘들기 때문에, 서로 즐겁게 이견을 내놓아 가능한 한 많은 선택지選擇肢를 펼쳐 놓고 상대와의 공통 견해를 채택하는 것이 좋다. 따라서 대안 없이 단 하나의 제안만을 갖고 설득에 임하기보다 다양하고 풍부한 제안을 준비하는 것이 좋다. 상대편도 단 한가지만을 고집하기보다는 타협의 기대 범위를 넓게 갖는 것이 좋다.

조언과 충고는 어떻게 해야 하는가

『채근담』에 다음과 같은 구절이 등장한다. "남의 허물을 책함에 있어서 너무 엄하게 말라. 그가 감당할 수 있는 말인가를 생각해야 한다." 사람들은 보통 자신이 듣고 싶은 말만 듣기 마련이다. 자기에 대한 칭찬은 귀에 들어오나 비판은 그렇지 않다. 비판할 때는 말과 태도에 있어서 차분해야 하며, 노기 어린 눈으로 본다든지 붉으락푸르락하며 핏대를 세워서는 안 된다. 방법 면에 있어서도 그렇다. 상대방에게 명령조로 말해서는 안 되고 세심한 배려를 해야 한다. 하루아침에 문제가 해결되리라는 기대를 해서는 안 된다. 사람들에게는 모두 각자의 자존심과 한계라는 게 있다. 이러한 요인을 고려하지 않으면 서로가 반목하여 적대시할 수 있다. 그러므로 자신의 분노를 직접적으로 표출하는 일은 좋지 않다. 최대한 절제해서 말해야 보다 건강한 방식으로 절충안을 찾을 수 있다. 그렇다면 충고의 올바른 식에는 어떤 것이 있을까.

상대방이 나의 조언을 필요로 하는지 확인부터 하라

이쪽에서 분명 상대에게 도움이 될 만한 이야기라고 지레짐작하고 섣부른 판단을 내려 충고하게 되는 경우가 있다. 인간관계에서 이런 경우는 허다하다. 이렇게 되면 인간관계에 상처를 남길 여지가 다분하다. 우선 상대가 나의 조언을 필요로 하는지 확인부터 해볼 필요가 있다. 내 딴에는 상대를 위한답시고 이런저런 조언을 해주지만, 그걸 받아들이는 상대방의 기분은 불쾌할 수도 있다. 먼저 상대방에게 물어봐야 한다. 제가 이런 도움을 드릴까 하는데 괜찮을까요? 하고 물어봐야 한다. 상대방이 들을 준비가 된 상태에서 말하라.

샌드위치 화법으로 충고와 힐책을 중화시켜라

부하가 실수를 했을 때 상사가 갑자기 큰소리로 호통을 친다면 부하의 기분은 어떨. 야단 맞는다는 사실에 반항심이 커져 상사의 말은 귀에 들어오지도 않을 것이다. 결국 충고나 조언도 소 귀에 경 읽기가 되어 버린다. 반대로 부하의 실수를 순순히 받아들여 부하에게 마음의 여유를 만들어 주면 같은 실수를 반복하게 될 지도 모른다. 이런 상황에서 당신이 만약 상사라면 어떻게 하겠는가. 이럴 땐 샌드위치 화법을 사용하면 좋다. 처음엔 칭찬, 중간에는 문제점 지적, 마지막으로 격려를 해준다. 이것이 바로 샌드위치 화법이라고 할 수 있다. 예를 들자면 이런 식이다.

"김 군! 자네가 성실하고 확실하여 김 군만 믿고 있었는데 이번 일은 김 군답지 않군. 요즘 너무 과로한 것이 아닌가? 자네는 이번 실수의 원인을 뭐라고 생각하나? 위에서도 자네를 기대하고 있으니 앞으로는 이런 실수 없도록 노력해 주게!"

상대 부하 직원에게 칭찬을 먼저 한 후에 개선할 점을 지적하는 것이 좋다. 칭찬이나 격려가 선행되면 상대도 상사의 말에 보다 마음의 문을 열게 된다. 그렇게 마음의 문이 열려 있을 때 비로소 자신의 본론인 힐책과 충고를 하는 편이 좋다. 이것은 상대에게 만족을 주면서 동시에 설득도 가능케 하는 화법이다. 이런 화법으로 자신의 의견을 전달한다면 상대방에게 꼭 지적의 의미로만 받아들여지지 않을 것이다.

꼭 필요한 설득을 해야 할 경우가 있다. 이럴 때에도 먼저 상대의 여건을 존중하고 능력을 인정하는 찬사부터 시작한다. 그런 칭찬을 아끼지 않은 다음에야 본론으로 들어가는 것이 좋다. 본론으로 들어갈 때에는 '그러나', '단지'와 같은 단어를 사용하여 설득하고자 하는 요지를 피력한다.

이처럼 상대방에게 조언이나 충고를 할 때에는 '격려'나 '칭찬' 같은 완충장치가 선행되어야 한다. 만일 그렇지 않고 무분별한 억압적 자세로 상대를 지적하고 충고한다면 인간관계가 어그러질 수 있을뿐더러 서로의 기분도 상하게 된다. 그것은 상대방의 자존심은 안중에 두지 않는 처사이며 결과적으로 더욱 노력하고 싶은 의욕을 꺾어 버리고 마는 냉혹한 방법이기도 하다. 상대방을 치켜세우면서 진지한 충고와 격려를 하는 대화야말로 유능한 지도자의 길이다.

상대에게 상처를 줄 수 있는 극단적인 언어는 피하라

신혼부부가 첫날밤을 맞이했다. 신랑의 벌거벗은 몸을 본 신부가 부끄럽다는 듯 눈을 꼭 감았다. 그러자 신랑이 부드럽게 말했다. "그렇게 부끄러워할 건 없어. 남성의 심벌이니까…" 그러자 신부가 탄식하듯이 말했다. "알아요. 하지만 엄마가 그러셨어요. 신랑의 결점을 보면 눈을 감아주는 거라고…."

일상생활에서도 충고와 힐책을 하는 경우가 생긴다. 조직 사회에서는 상하 관계의 유기적인 질서가 필요하다. 그렇기에 남의 잘못을 지적하고 꾸짖는 경우가 발생하기도 한다. 때로는 상대방을 설득하다가 일을 그르치게 되는 경우도 있다.

섣부른 꾸짖음은 역효과를 낳게 된다. 이 점을 고려하여 상대방의 마음에 상처를 주지 않도록 노력해야 한다. 예로부터 유능한 지도자는 힐책의 말보다는 격려의 말을, 충고의 말보다는 부탁의 말을 선행해야 한다고 알려졌다.

때와 장소를 가려서 말하는 것도 한 방법이다. 상대방의 결점을 지적할 때, 공개적인 장소에서 그런 말을 한다면 상대방의 마음에 씻을 수 없는 상처를 남길 것이다. 그러므로 결점을 지적하거나 충고를 할 때에는 상대방과 나, 둘만 있는 장소에서 얘기하는 것이 좋다. 공개적인 장소에서 지적하고 비판하면 상대방은 모욕감을 느끼게 된다. 그렇게 되면 당신의 말은 안중에도 들어오지 않고 그저 분노 따위의 감정만 남을 것이다. 그렇게 되면 충고의 효과가 없다. 그저 둘 사이의 앙금만 남을 뿐이다. 비판을 할 때는 상대가 순수하게 받아들일 수 있도록 둘만의 장소에서 행한다.

충고를 할 때에도 몇 가지 지켜야 할 사항이 있다. 상대방의 개인적인 생활을 침해하는 비판이나 충고는 금물이다. 적어도 감정의 자극을 최대한으로 축소시킬 수 있어야 한다. 훌륭한 비판이란 비판의 내용을 제3자가 알 수 없도록 배려하는 데서 출발하는 것이다. 비판은 항상 상대에게 감정을 상하게 만들기 때문에 자칫 적대감을 불러일으켜 개인적으로 적의를 품게 할 우려가 있다. 그러므로 충고를 전달할 때에는 조심스러워야 한다.

상대방을 힐책할 때에는 확실한 사실에 근거를 두고 말해야 한다. 힐책의 경우라도 설정된 기준을 명확히 제시하여 개선할 목표를 갖게 해 주는 것이 힐책자가 취할 수 있는 배려이다. 진정 유능한 상사란 이렇게 목표를 정해 놓고 그 목표를 달성키 위한 계획을 부하에게 지시할 수 있는 능력을 갖춘 사람이다. 이런 명확한 목표 의식을 갖게 되면 상대의 조건과 목표 사이의 거리감을 쉽게 감지할 수 있다.

자제력이 있는 사람은 돋보이기 마련이다

공자는 일찍이 "서두름이 없어야 하고, 작은 이익을 보지 말아야 한다. 서두르면 도달하지 못하고, 작은 이익을 보면 큰일을 이루지 못한다."라고 말했다. 이는 일에 대해서 멀리 내다보는 안목과 정확한 판단이 있어야 함을 뜻한다. 이러한 태도는 정치뿐만 아니라 대인 관계나 처세에서도 적용된다. 그저 욕망만을 쫓다 보면 위험을 초래할 수 있다. 그러므로 자신을 잘 절제하여 마음의 평형을 유지해야 한다.

어떤 시골 주막에서 한 선비가 하룻밤 묵었을 때 일어난 일이다. 무심코 밖에 나와 있던 선비는 마당에서 놀던 거위가 구슬 하나를 삼키는 것을 보게 되었다. 그 구슬은 값이 무척 나가는 물건인 것 같았다. 얼마 뒤 주막집 주인은 자신이 아끼던 구슬이 없어졌다며 그 구슬을 찾느라 야단법석이었다. 손님들의 짐을 뒤지고 마당 구석구석을 살폈으나 구슬은 나타나지 않았다. 마침내 이 집에 묵던 선비가 죄를 뒤집어쓰게 되었다. 주인은 그 구슬을 너무나 아끼던 터라 날이 밝는 대로 관가에 데려가겠다고 벼르며 선비의 두 손을 꽁꽁 묶었다. 포박당한 채 밤을 새게 된 선비는 마당에서 놀던 거위를 자기 곁에 놔두라고 부탁했다. 이튿날 거위가 똥을 싸자 구슬이 똥에 섞여 나왔다. 거위의 똥 속에서 주인이 찾던 구슬이 나온 것이다. 주인은 놀란 한편 부끄럽고, 선비에게 미안한 마음이 들었다. 주인이 선비에게 물었다. "왜 미리 거위가 구슬을 삼켰다고 말하지 않았습니까?" 그러자 선비가 빙긋 웃으며 대답했다. "어제 당신이 흥분한 것으로 보아 내가 그 이야기를 했다면 당신은 거위를 죽여서라도 구슬을 찾고자 할 것 같았소. 죄 없는 거위를 죽일 것까지는 없지 않겠소?" 주막집 주인은 그의 깊은 생각에 감탄하며 무릎을 꿇었다.

매사 조급하게 일을 하면 금세 망치고 만다. 대화를 할 때에도 상대방의 생각이나 말보다 한발 먼저 앞서 가는 사람이 있다. 얼핏 보기엔 그런 방식의 대화가 효율적으로 보일지도 모른다. 하지만 그렇지 않다. 상대방이 얘기를 할 때에는 일단 귀 기울여 잘 듣고, 그런 후에야 내 의견을 말하는 것이 좋다. 그때에서야 전개 방향을 잡아가면서 대화를 풀어나가도 늦지 않다. 뭐든지 지레짐작하고 넘겨짚는 것은 좋지 않다.

입에서 나오는 대로 내뱉는 말과 미리 정리된 말은 다르다. 둘의 차이는 크다. 어떤 상황에서든 숨을 한번 고른 후 말할 수 있는 여유를 가져야 한다. 한번 뱉은 말은 절대 되돌릴 수 없기 때문에 준비 없이 말하는 것은 매우 위험하다. 말하기 전에 무슨 말을 할 것인가를 정리하는 습관을 가지면 실수를 막을 수 있을 뿐만 아니라 공손한 언어습관을 들일 수 있다.

사람들은 대화를 나눌 때 상대방에게 자신의 모든 것을 다 얘기하지 않는다. 특히나 직장에서 만난 사람들, 사회에서 맺어진 관계들은 더욱 그렇다. 보통 대화거리로 삼는 것은 사회문제나 오늘자 뉴스 같은 모두가 다 아는 화제다. 그것 이외의 지극히 개인적인 이야기들, 자신의 내면이나 가치관에 관한 이야기는 잘 꺼내려 하지 않는다. 이것은 자연스러운 현상이다. 만일 이런 분위기 속에서 상대방의 개인적인 사정을 지나치게 캐묻는다면 상대방은 간섭받는다고 여길 것이다. 더 나아가서는 관계의 선을 넘는다고 생각할 것이다. 그런 생각이 드는 순간 그 사람은 자기 문제를 더 이상 터놓기를 꺼려할 것이다. 너무 성급히 친해지려고 하면 오히려 호감을 얻지 못한다. 친구를 사귀는 것은 수프를 만드는 것처럼 시간을 들여야 하는 일이다. 그래야 관계의 진짜 맛이 우러난다.

대화도 역시 그렇다. 들은 내용에 초점을 맞추는 방법으로 간결하게 답하고 질문해야 한다. 항상 혼자서만 말을 하는 사람은 배우고 생각할 여유가 없기 때문에 보기보다 내용이 없는 경박한 사람이 되기 쉽다. 그런 사람들은 대체로 여기저기에서 얻은 지식을 모아 남에게 과시하는 일에 재미를 느끼며 살아갈 유형일 확률이 높다. 그런 이들은 과시욕이 강해 남들이 자신의 말에 감탄하며 귀를 기울인다고 생각한다. 하지만 이는 착각이다. 사람들은 겉으로는 그 사람의 말을 듣고 있는 것처럼 보이지만, 실은 불쌍하게 생각하고 있는지도 모른다. 일언지하에 모든 것을 이거다 하고 규정해 버리는 사람은 다른 사람의 말을 받아들이는 유연한 자세를 취할 수 없다. 그런 사람은 자기 노출을 줄이고 대신 상대방의 말이나 잘 들어주고 볼 일이다.

정면 논쟁은 피하라

상대와 논쟁을 피하는 것도 지혜롭게 사는 길이다. 즐겁게 웃으며 이야기를 나누는 자리를 논쟁의 자리로 만들지 말아야 한다. 흔히 사람들은 무슨 일이든 반대만 하는 사람을 두고 어리석고 골치 아픈 녀석이라고 생각한다. 그런 사람은 사람들로부터 경원을 당하게 되고 친한 친구나 친지들에겐 적이 되기 쉽다.

즐겁고 명랑하게 이야기를 나누고 있을 때 굳이 다른 이야기를 꺼내 분위기를 깨거나 언쟁을 불러일으키는 일처럼 사람의 감정을 상하게 하는 일은 없다.

남이 싫어하는 일을 해서는 안 된다. 일부러 그런 짓을 해서 남으로부터 반감을 살 필요는 없다. 아무런 이유 없이 남으로부터 미움을 사는 일도 있는 법이다. 이렇다 할 이유도 없는데 남을 미워하고 싫어하는 사람이 세상에는 많다. 어째서 미워하고 싫어하는가를 그들 자신도 알 수 없는 일이다. 선의의 뜻은 여간해서는 잘 전달되지 않지만 적대 감정은 금방 전해진다. 별 이유 없이 사람을 미워하는 사람은 남을 불쾌하게 하여 자신의 무덤을 파는 것과도 같다. 증오심이 한번 마음속에 뿌리를 내리면 악평과 마찬가지로 씻어 내려고 해도 여간해서는 씻기지 않는다.

지나치게 날카로운 제안이나 질문, 답변은 인간관계를 망칠 수밖에 없다. 꼬치꼬치 캐물을 권리는 아무에게도 없다. 그런데 간혹 사람들은 그러한 무자비한 질문을 해댄다. 생각 없이 불쑥 내뱉는 질문이 상대방의 감정에 상처를 줄 수도 있다. 남이 싫어할 질문을 해서는 안 된다. 또한 멋대로 짐작한 바를 확인하려고 던지는 질문은 상대방을 더욱 불쾌하게 만든다. 마찬가지로 자존심을 건드리는 말이나 예의에 어긋나는 말 한 마디 때문에 관계가 소원해지는 일도 부지기수다.

무슨 일이든 극단적으로 밀고 나가는 사람은 남들로부터 존경심을 잃는다. 자의든 타의든 극단적으로 일을 처리하는 사람은 대중 앞에서나 직장에서나 올바른 평가를 받지 못한다. 별나고 요란한 행동은 교양 있고 정숙한 사람들의 빈축을 산다. 무슨 일이든 지나친 것은 개성이라기보다 오히려 오점으로 남는다. 기발한 일을 하고 싶으면, 남의 눈에 띄지 않는 곳에서 하는 것이 좋다. 그 편이 생존 가능성이 높다.

상대와 논쟁을 피하는 길도 지혜롭게 사는 길이다. 그리고 때로는 상대에게 호의적인 반응을 얻어야 될 경우도 생기는 것이 인생이다. 때로는 상대의 잘못을 모르는 체 처세를 해야 될 경우도 있고, 그 잘

못의 이유를 공감하는 듯한 화법도 필요하다. 잘못을 상대방이 감싸주면 이쪽의 배려에 고마움을 느끼는 것이 당연하다.

사람은 자기가 옳다고 인정한 일이 설령 잘못된 결과를 초래했다고 할지라도 좀처럼 고치려 들지 않는 심리를 지니고 있기 마련이다. 어떠한 변증법적인 논리를 도입해서라도 자기의 잘못을 변명하려 한다. 내심 싫어도 상대를 감싸주고 격려하는 배려가 필요하다. 이처럼 세상을 살아가기 위해선 상대와의 논쟁을 의식적으로 피하는 처세가 필요하다. 때에 따라서는 논쟁을 벌여야 할 상대의 잘못을 감싸주는 아량도 베풀어야 한다.

대인 관계에 있어서는 늘 신중하고 조심스러운 태도를 보여야 한다. 또한 은혜를 베푼 후에는 보답을 바라지 말아라. 무언가를 기대하면 곧 실망하기 마련이다. 그러니 사람에 대한 기대는 최대한 하지 않는 편이 좋다. 상대방의 베풂을 기대하기보다도 그저 관계의 마찰이 없으면 그것으로 감사히 여겨라.

매사에 자기중심적인 태도를 버려라

신경쇠약 증세를 보이는 어떤 부인이 정신과 의사를 찾아갔다. 진찰을 마친 의사가 그녀에게 말했다.

"우선 따뜻한 물로 목욕을 자주 하십시오. 그리고 하루에 한 번씩은 공원에라도 나가 신선한 공기를 쏘이시고, 언제나 몸을 따뜻하게 보호해야 합니다."

"예, 선생님."

부인은 고개를 끄덕이고 나서 집으로 돌아왔다. 그리고 그날 밤 집으로 귀가해 온 자기 남편에게 이렇게 얘기해 주는 것이었다.

"의사가 그러는데, 내 신경쇠약이 매우 심한 상태래요."

"그래, 그럼 앞으로 어떻게 해야 한데?"

"으응. 우선, 단 몇 달 간이라도 온천이 있는 시골로 내려가서 지내다 오는 것이 좋겠대요. 그리고 커다란 밍크코트로 몸을 항시 따뜻하게 감싸야 한댔어요."

　세상 사람들은 무슨 일이든지 자기중심적으로 생각한다. 하지만 그래선 안 된다. 변해야 한다. 자신이 아닌 남의 입장과 상황을 배려할 줄도 알아야 한다. 세상을 살아가는 데는 한 걸음 물러설 줄 아는 지혜가 필요하다. 물러서는 것은 곧 나아가는 것이요. 지는 것이 이기는 것이란 논리를 적용시켜야 한다.

　자기를 이기는 것은 이 세상에서 가장 강한 힘이다. 사람을 대할 때는 항상 너그러워야 한다. 그래야 복을 받는다. 남을 이롭게 하는 것이 저를 이롭게 하는 일의 바탕이 되기 때문이다. 사람이 살다 보면 "이 사람이 왜 이래!" 하면서 상대방의 태도에 불만을 가질 때가 있다. 상대방이 왜 그럴까를 생각하기 전에 스스로 먼저 뒤돌아볼 일이다. 왜냐하면 상대방의 자기의 거울이기 때문이다. 내가 어떻게 하느냐에 따라 상대방의 반응은 크게 달라진다.

　인간관계에서 사람은 누구나 상대적이다. 상대적인 생각을 하고 상대적인 행동을 하게 마련이다. 따라서 사람은 자기에게 잘해주면 일단을 고마워하고 단점도 장점으로 보이기 일쑤다. 사람은 모두 자기중심적인 편이다. 남을 이해하기보다는 자기중심적으로 생각하며 독선과 아집으로 가득 차 있다. 그것이 인간의 본래 속성이다.

　옛날에는 목욕탕에 가는 이유가 한 가지였다. 오로지 청결을 위해서였다. 단순한 이유였다. 그러나 요즘엔 목욕탕에 가는 이유가 쉬기 위함이라고 한다. 휴식을 취하기 위해 간다고 한다. 옛날에는 여가를 보내기 위해 동네 다방에 방문하곤 했다. 여가시간을 보내는 가장 대중화된 장소가 동네 다방이었다. 하지만 오늘날엔 선택의 폭이 더 넓어졌다. 휴식하기 위해 목욕탕에 간다니. 세상이 참으로 많이 변했다.

때를 밀기 위해 목욕탕에 가던 시절에는 목욕탕에서도 '기브 앤 테이크 문화文化'가 있었다. 서로가 짝이 되어 상대방의 등을 밀어 주었던 기억이 난다. 그때는 완전히 '품앗이' 개념이었다. 왠 사람이 내게 다가와 등을 내밀면 "벌써 밀었는데요." 하면서 다른 데를 알아보라는 식으로 대화를 나누곤 했다.

인간관계는 기본적으로 기브 앤 테이크 법칙을 바탕으로 한다. 준만큼 받고 받은 만큼 주어야만 관계가 지속될 수 있다. 인간관계란 탁구와 같다. 회사의 사장은 사원이 예뻐서가 아니라 그의 근로에 대한 대가로서 월급을 지불하고 있는 것이요, 또 사원도 마찬가지로 사장을 위해서가 아니라 월급을 받기 위해서 일하고 있는 것이다. 인간세계란 바로 그런 곳이다.

인간이란 동물은 생존을 목적으로 한 메커니즘을 기반으로 살아가는 생명체다. 뱀을 보면 누구나 놀란다. 벌레를 보면 소름을 돋운다. 그러나 직업이라면 다르다. 어부는 아무렇지도 않게 뱀장어를 만지며 양잠인은 아무렇지도 않게 누에를 기른다. 그것이 가능한 이유는 뱀장어와 누에가 그들이 살아가는 수단이기 때문이다. 이것은 일종의 이해관계가 얽혀있는 생태계라고 볼 수 있다. 인간은 이처럼 이해관계에 의해서 움직인다.

사람은 이기적이고 자기중심적인 동물이다. 사람들은 남에게 인정받고 싶어 하지만, 다른 사람을 인정하는 데는 인색한 양면성을 가지고 있다. 그 사실을 받아들이면 대인 관계에서 스트레스를 받거나 서운하게 생각할 필요가 전혀 없다. 남으로부터 사랑이나 존경을 요구하지 말라. 남을 사랑하면 그만이고 남을 이해하고 도우면 그만이다. 도와주었으니 사례를 하라고 하는 것은 권세의 자리를 이용하여 뒷돈을 받는 도둑질에 불과할 뿐이다.

어떤 이해관계를 갖고 있느냐에 따라 당신에 대한 평판은 달라지기도 할 것이다. 당신의 실체와는 전혀 다른 모습으로 평가되어지기도 할 것이다. 당신이 속한 어느 집단이 있다고 치자. 그 집단에서 당신은 실제의 모습보다 과소평가되고 있는가? 그렇다고 해서 그때마다 매번 화를 내거나 해명하려 들지 말라. 사람은 본래 흠도 많고 틈도 많은 존재이다. 상대방이 완벽하기를 바라는 것은 허무맹랑한 꿈이며 이상이다. 상대방도 어쩔 수 없는 인간임을 인정하라. 그럴 때에야 비로소 인간관계의 원만한 교류가 싹틀 수 있다.

또한 원만한 관계를 이어나가기 위해선 상대방을 짜증나게 하는 사람이 되어서도 안 된다. 한 남자가 어느 백화점의 엘리베이터 걸에게 말을 걸었다.

"하루 종일 서 있기가 무척 피곤하시지요?"

"네, 조금요."

"어느 쪽이 더 피곤하죠. 올라갈 때? 내려갈 때?"

"아뇨."

"그럼, 엘리베이터가 섰을 때?"

"아뇨."

"그럼 언제요?"

"댁 같은 사람이 저한테 말 걸 때요."

유쾌하지 못한 사람으로는 대개 다음과 같은 유형이 있다.

- 유별나게 말 없는 사람(말이 없으면 분위기라도 있어야지. 팬시리 음료수만 홀짝대는 사람).

- 말 많은 사람(재미없는 썰렁한 말을 하면서 계속 삼천포로 빠지는 사람).

- 말이 안 통하는 사람(동문서답하면서 자기 생각대로 상대의 마음이 움직일 줄 착각하는 사람).

- 삼척(?)인 사람(있는 척+아는 척+잘난 척하는 사람).

- 과거의 연륜을 들썩이는 사람(왕년에 이랬는데, 저랬는데…).

- 외모와 옷차림에 관심이 전혀 없는 사람.

- 예술에 대해 문외한인 사람(요사이 노래, 영화, 연예계, 책 이야기 한 토막도 모르는 사람).

- 유머랍시고 말해도 하나도 안 웃기는 사람(대화를 하다 보면 어느 포인트에서 웃어야 할지 감이 안 잡히는 유머를 구사하는 사람).

- 스포츠엔 전혀 관심이 없는 사람.

같이 있으면 편안한 사람이 있는 반면 불편하거나 껄끄러운 사람이 있다. 같은 말이라도 상대방의 마음을 헤아려서 배려하는 화법을 구사하면 상대방에게 호감을 줄 수 있다. 하지만 상대방의 기분에 아랑곳하지 않고 제 흥에 취해 일방적인 수다를 떨면 상대방으로 하여금 불편한 사람이라는 인상을 줄 것이다. 임기응변적으로 처신하는 사람은 앞이 짧다. 정직하고 진솔한 태도야말로 상대에게 믿음을 줄 수 있다. 그런 사람과는 깊이 교제할 수 있다. 할 말은 하고 들을 말은 들어야 한다. 당당한 것은 거만도 아니고 오만도 아니다. 당당할수록 보기가 좋고 비굴할수록 보기가 딱하고 역겨워지는 법이 아닌가. 마음속 그대로만큼 당당한 것은 없다. 여러 사정을 헤아릴 수 있는 도량을 간직한 사람은 당당해 보인다.

인재를 죽이는 말 한마디

"이것밖에 안 되냐.", "○○에게 맡길 걸 그랬군…", "당신은 그래서 안 돼." LG경제연구원은 '인재를 죽이는 말 한마디'라는 제목의 보고서를 발표했다. 이 보고서에는 이 같은 말들을 두고 기업내부에서 인재를 죽이는 대표적인 말들로 꼽았다. 연구원은 말했다. 애써 뽑은 신입사원, 비싸게 주고 영입한 인재가 정작 별다른 성과를 내지 못하는 경우가 있다고 말이다. 또한 채용 당시에는 뛰어났던 사람이 그저 그런 범재로 바뀌거나 업무에 잘 적응하지 못하고 금방 떠나는 경우가 있다고도 했다. 인재들이 이렇게 도태되는 이유는 어쩌면 근무환경 때문일 수도 있다는 사실을 알아야 한다. 인재를 죽이는 환경의 대표적인 요인은 '사람의 기를 죽이는 다른 사람들, 특히 리더의 말 한마디'라고 한다. 우선 일을 해온 사람에게 이것밖에 안 되냐고 하는 소리를 반복해서 듣는 경우가 있다. 이때 상대방은 자연스레 기운이 빠진다. 그런 말을 듣는 직원은 이렇게 생각할 것이다. 이런 말을 들을 거라면 열심히 해서 무엇하냐고, 잘해야 본전이라고 말이다. 사내에 이런 분위기가 팽배해 점차 일을 덜 열심히 하게 된다면 아무리 인재가 모인 조직이라도 성과가 떨어지기 마련일 것이라고 보고서의 내용은 지적하고 있다.

피드백을 할 때 상대방에게 "이건 잘했네"라는 긍정적인 피드백을 먼저 건네주고 보완할 부분을 이야기한다면 인재의 기를 살릴 수 있다. 가장 좋은 동기부여의 방법은 리더가 직원들의 업무능력을 인정해주고 칭찬해주는 것이다. 직원들이 잘한 일을 두고 리더가 충분히 잘한다고 인정해 주는 것이 리더로서의 자세이다. 사람마다 뛰어난 면은 각자 다르기 마련이다. 리더가 직원의 강점이 아닌 단점에 주목한다면 그 사람이 갖고 있는 재능을 쓸 수 있는 기회는 사라질 것이다.

"왜 ○○씨 같이 못 하나, ○○씨에게 맡길걸 그랬군."이라는 말보다는 "당신은 논리력이 좋고, ○○씨는 정보력이 뛰어나지요."라는 말을 듣는 사람이 능력발휘를 할 수 있다. "당신은 그래서 안 돼."라는 말은 그 사람의 가능성 자체를 부정하는 말이다. 그런 말은 인재를 죽이는 가장 치명적인 말이다.

폐쇄적 언어와 개방적 언어

　폐쇄적인 언어란 상대방으로 하여금 마음을 닫게 하는 언어를 말한다. 일방적, 지시적, 명령적, 위협적, 단정적 언어를 구사하는 것을 말한다. "뚝! 그쳐." "입 다물어!" "빨리빨리!" "확실히 못 해!" "사람 되긴 틀렸어! 넌 나중에 커서 뭐가 될래?" "시끄러워! 말이 많아!" "미스 김, 오늘 중에 일을 끝내, 알았어?" "예수 믿어야 구원받아. 안 믿으면 지옥이야!" 이런 폐쇄적인 언어가 우리 사회 도처에 난무한다. 폐쇄적인 언어 속에서 성장한 사람은 반항적, 부정적, 비판적, 공격적, 우발적인 사람이 될 확률이 높다. 항상 놀림을 받았기 때문에 내적으로 분노가 쌓여 있는 것이다. 그래서 조그만 일에도 감정을 절제하지 못하고 쉽게 폭발하고, 그렇게 되면 결국 관계는 깨지고 파경에 이른다. 그러나 개방적인 언어는 말 그대로 마음을 열어주는 언어로서 권면하고 설명하고 동의를 구하고 부탁하는 말이다.

"오늘까지 끝을 내야 해. 알았어!"가 아니라 "이거 오늘까지 마무리 좀 부탁해. 부장님이 내일 보겠다고 했어. 미스 김 잘해줘요." 이렇게 설명하고 부탁하는 말을 개방적 언어라 한다. 이런 말을 들으면 마음이 열린다. 최선을 다해 일을 하려고 마음먹게 된다. 폐쇄적인 언어는 두려움이 많거나 공격적인 사람을 만들지만, 개방적인 언어는 다르다. 개방적인 언어는 그것을 사용하는 사람들로 하여금 열린 사람, 적극적인 사람, 너그러운 사람으로 만든다. 개방적인 언어는 신뢰를 낳는다.

병원에 가서 대기실에 앉아 있으면 주사를 맞지 않으려는 아이와 주사를 맞게 하려는 엄마 간의 실랑이가 시작된다. "아아앙, 아파. 안 맞아." "안 아파! 괜찮다니까. 시끄러!" 엄마는 우격다짐으로 주사를 맞게 하려고 애를 쓰고, 아이는 울며 소동을 피운다.

다음은 호주에서 병원에 갔을 때의 일이다. 어느 날 병원에 갔더니 한 아이와 엄마가 실랑이를 벌이고 있었다. 의사가 주사를 들고 아이에게 다가오자(호주는 간호사가 주사를 놓지 않고 의사가 직접 놓습니다) 주사를 발견한 아이는 울상이 되고 말았다. 그의 엄마가 아이에게 조용히 말했다. "톰! 아프지만 조금만 참으면 돼. 잠깐이면 되는 거야. 톰은 사나이니까 참을 수 있지?" 그러자 그 아이가 고개를 끄덕거렸다. 아이가 알았다는 듯 고개를 끄덕이며 상황을 받아들이자 엄마가 "OK! Good!" 하면서 엄지손가락을 치켜세웠다. 그 아이는 주사를 맞고 약간 아파했지만 다 맞고 나서는 이내 환한 얼굴로 웃었다. 서구의 엄마들은 대부분 아이의 마음을 열어주는 개방적인 언어를 쓴다. 그러나 우리나라의 어른들은 대부분 폐쇄적인 언어를 쓴다. 그렇게 배워왔고 또 그렇게 살아왔기 때문이다. "안 아파! 괜찮아, 울지 마."라는 말을 들으면 아이는 더 울고 싶어진다. "아픈데 왜 안 아프다고 그래. 아프단 말야."라며 항변하고 싶은 마음이 된다. 그러나 엄마가 자신에게 "아프지만 조금만 참아. 넌 사나이야."라고 말해준다면 아픔을 이해받는 기분이 들 것이다. 엄마에게 자신의 감정을 존중받고 인정받았다는 생각에 마음이 열릴 것이다. 그러면 곧 참아보겠다는 다짐도 하게 된다.

대화의 수준이 곧 인격의 수준이다

　다툼도 없고 그저 조용하게 서로의 감정을 교환하는 대화가 가장 즐거운 대화이다. 가령 예를 들면 이런 것이다. 회의에 참석했을 때, 상대방과 나의 의견이 서로 다를 수 있다. 이때 단호한 반격은 금물이다. 단호한 반격은 대화를 중지시키게 한다. 반격보다는 서로의 공통점, 일치하는 지점을 찾도록 노력해야 할 것이다. 이런 방법으로 대화를 할 때, 주제는 서로의 관심이 있는 곳으로 발전하게 된다. 대화가 그렇게 진행되면 곁에 있던 참석자들에게도 유익한 시간이 될 것이다.

　어떤 사람은 대화가 잠시 중단하기를 기다린 후에 전반적으로 새로운 주제를 가지고 뛰어들기도 한다. 즉 한 사람이 말을 끝낸 후에 잠깐 동안 침묵을 지켜서 말한 내용을 되뇌고 소화하고 평가한다. 이렇게 하면, 생각하도록 기회를 준 발언자에게도 적절한 찬사가 돌아간다. 주제가 충분히 토론되지 않았는데도 어떤 우회적인 방법으로 주제를 잃게 될 경우가 있는데, 이때 대화를 원주제로 환원시키기 위해서는 잊었던 화제를 다시 소개하면 된다. 이것은 친절하고 정중한 방법이며, 대화자에게 실제 관심이 있음을 나타내는 최선의 방법이다. 사람들은 누군가와의 만남에서 불필요한 말을 자주 한다. 자기 말을 하기보다는 상대방의 말을 들어주는 편이 좋다. 또한 냉소적인 웃음을 짓거나 생활의 불유쾌한 면을 이야기하는 것도 삼가는 것이 좋다.

적을 대할 때에도 마찬가지다. 절도를 지키기 위해서라도 말을 삼가라. 예리한 칼날과 같은 말이 만든 상처는 의사도 못 고친다고 했다. 말은 얼마든지 엿가락처럼 늘릴 수 있지만, 한번 뱉어낸 말은 다시 거둘 수 없다. "자신이 한 말은 결국 자신에게 되돌아온다."는 점을 명심하라. 바람은 한쪽으로만 불지 않기 때문이다. 말과 돌멩이는 한번 던지면 돌이킬 수 없기 때문에 극단적인 표현이나 말은 삼가야 한다.

통찰력이 뛰어난 사람은 부드러운 말과 예리한 말을 적절히 사용한다. 상대방과의 극단적인 대립으로 인해 감정이 격심해질 때에는 마음가짐을 단단히 다잡을 필요가 있다. 그런 상황에 놓일 경우 우선 자신이 냉정을 잃었다는 점을 솔직히 시인할 필요가 있다. 어리석은 사람은 격분하고 있을 때, 냉정을 잃고 만다. 격한 감정에 몸을 맡기지 말고 신중히 생각하고 자제의 고삐를 당겨라.

남과 의견충돌이 생겼을 때에는 신중하게 이야기를 펴 나가라. 진실을 알릴 때에는 신중하게 말을 골라서 하라. 대화하는 도중에 상대방의 말에 호응하지 않고 무관심한 태도로 일관한다든지, 대화의 내용에 대해서 방해되는 이야기를 새롭게 전개한다든지 하면 대화가 단절될 수 있다.

적당한 지위를 주거나 능력을 인정하라

사람은 다른 사람으로부터 인정을 받게 되면 자신감과 의욕을 갖게 된다. 사람은 집단 내에서의 지위나 기대에 어긋나지 않게 하기 위해서 남모르는 노력을 하게 된다. 그래서 반장이 반장다워지고, 부장이 부장다워지며, 사장이 사장다워지는 것이다. 학교에서 회장으로 뽑힌 아이는 일정한 능력만 있으면 누구라도 회장에 어울리는 역할을 하게 되며 친구로부터의 평가도 달라지게 되고 학급에서도 인기가 높아지게 되어 있다.

자기에게 호의를 보인다거나 호평하는 사람에게는 호감을 갖고, 반대로 자기를 혐오하고 악평하는 사람에게는 혐오감을 갖게 된다. 인간이라면 누구나 그럴 것이다. 이렇게 서로 특별한 혜택이나 호의를 주고받는 일을 두고 '호혜성'이라 한다. 상대방에게 호의를 보이는 방법으로 칭찬해준다면 언젠가 내가 잘못을 저질러도 상대방이 나를 심하게 나무라지 않을 것이다. 비록 잘못을 저지른 사람이라도 윗사람으로부터 심한 꾸중을 들으면 모욕감과 수치심을 느끼게 된다. 만일 조금 다르게 심한 꾸중이 아닌 가벼운 꾸중을 준다면 어떻게 될까? 가벼운 꾸중을 들은 상대방은 윗사람의 따뜻한 배려에 진정으로 감사하고 존경하는 마음을 가지게 될 것이다.

사람이 어느 정도 사회적인 지위에 오르면 주변 사람들의 시선과 기대에 부응하고자 하는 마음이 생긴다. 한 전기 실험에서 전기 충격을 견뎌내는 인내력을 조사했더니, 자기 혼자 일할 때보다 동료가 지켜보고 있을 때 더 강한 전기 충격을 견뎌냈다고 한다. 남자들은 군대 생활에서 이미 경험했겠지만 졸병 때는 인내력이 부족한 편이다. 하지만 고참이 되면 사람이 달라진다. 졸병들 앞에서 위기에 처하거나 곤란한 일에 직면했을 때 강한 충격을 견뎌 내어 자신의 용기를 과시하기도 한다. 아마 남자라면 누구나 이런 기억이 있을 것이다. 위기나 곤란에 직면했을 때의 용기는 인내심에서 우러나온다는 사실을 보여주는 것이다.

자기 역할을 수행해 나가는 동안 시의원은 시의원다워지고, 회장은 회장다워지고, 교사는 교사다워진다. '과연 그런 큰일을 해낼 수 있을까?' 하고 처음에는 염려하지만 사람들이 기대를 가질 때 그는 새로운 힘을 얻어 사람들의 기대에 어긋나지 않게 된다.

사람은 어떤 지위나 역할이 주어지면 그 지위나 역할에 어울리게 자신의 성격과 행동 방식을 적극적으로 바꿔 나간다. 심리학자 타나카는 한 학급을 대상으로 집단 내의 인간관계와 인기도를 알아보는 '사회성 조사'를 실시했다. 그 결과 역시 반장의 인기가 제일 높았다고 한다. 이 조사를 통해 집단에서의 어떤 인물에 대한 평가는 상황에 따라 크게 바뀐다는 사실을 알 수 있었다. 또한 역할에 의해 그 사람의 이미지가 만들어진다는 사실도 알 수 있었다. 사람이란 어떤 지위에 어울리는 사람이 되려고 노력하는 과정 속에서 어엿한 반장으로 성장한다는 것이다. 집단 내에서의 지위나 기대에 어긋나지 않도록 행동하는 동안 만들어진 성격을 바로 '역할 성격'이라고 한다.

반장으로 뽑힌 아이는 일정한 능력만 있으면 누구라도 반장에 어울리는 역할 성격을 가질 수 있다. 역할 성격을 가지게 되면 친구로부터의 평가도 달라지고, 학급 내에서의 인기도 높아진다.

사람은 남들로부터 인정받게 되면 자신감과 의욕을 갖게 된다. 자신감을 가지고 열심히 일하는 사람은 뛰어난 사람으로 인정받는다. 자신감이 없어 보이는 사람에게는 그 사람의 실력에 맞는 중요한 직책을 주어 그것을 수행해 나가게 할 필요가 있다. 따라서 모든 조직이나 집단에서 인정받고자 한다면 직책을 가져야 한다. 그 직책을 수행하고자 봉사하고 노력해 나가다 보면 다른 사람에게 인정받을 수 있고, 자신감과 의욕을 갖게 된다.

간섭이 지나치면
오히려 능률이 떨어진다

차들이 북적거리는 사거리에서 한 여성 운전자가 그만 시동을 끄고 말았다. 여자는 다시 출발하려고 애를 썼지만 진땀만 날 뿐 잘 되지 않았다. 그녀의 뒤에 서 있던 차량인 성질 급한 택시기사가 신경질적으로 경적을 울려댔다. 그녀는 마침내 차에서 내려 뒤로 걸어갔다. 그러더니 택시기사에게 말했다.

"아저씨, 죄송해요! 아저씨는 저보다 경험이 많으실 테니까 대신 제 차, 시동 좀 걸어 주시겠어요? 그 대신 저는 아저씨 차에 가서 경적을 누르고 있을 테니까요."

상대방이 자기보다 윗사람이라고 해도 지배적 행동을 하면 굴욕감을 느낀다. 또한 자신에게 그런 행동을 하는 사람에게는 혐오감을 느낀다. 이러니 부하가 직속상관을 좋아할 리가 없다. 그렇다면 상사는 부하에게 명령만 해서는 안 된다. 부하의 요구를 들어주고 도와주고 함께 행동해야 한다. 그렇게 되면 부하는 상사에게 호의와 경외심을 서서히 갖게 된다. 즉 부하에게 있어 상사는 애증 양면의 감정을 함께 갖게 하는 대상이 된다고 말할 수 있다. 사람은 다른 사람에 의해 자기 행동이 결정되거나 지배되는 것을 싫어한다. 직속상관은 부하의 이런 기본적인 욕구를 일상적으로 억제하는 것이 보통이다.

사람은 자기 마음대로 해도 좋은 상황이 주어지면 불안해진다. 오히려 스스로 자기 행동을 규제하게 된다. 반대로 다른 사람으로부터 '이렇게 해라, 저렇게 해라, 그래선 안 된다, 저래선 안 된다.'라는 식으로 규제 받으면 반감을 느껴 일부러 그 규제를 깨뜨리려 한다. 예를 들면 "우리 집 아이는 아무리 공부하라고 해도 말을 잘 듣지 않아요." 라며 아이의 교육 문제로 고민하는 어머니들이 있다. 이럴 때는 공부하라는 말을 일체 하지 말고 가만히 지켜보라. 공부는 자기가 알아서 하도록 내버려두는 것도 한 방법이다. 공부하라는 말을 들으면 아이는 반발하여 공부하고 싶은 생각이 가시고 만다. 그냥 내버려두면 불안을 느껴 스스로 공부하게 된다. 하고 싶은 것도 '해보라'라는 강한 지시를 받으면 하고 싶은 생각이 가신다. 지금 하고 있는 일이 어떤 강력한 힘 때문에 하게 된다고 생각되면 하고 싶은 생각이 없어진다.

미국의 심리학자 H.시놋트는 사람이 노여워하는 원인을 분석했다. 그의 말에 따르자면 사람이 노여워하는 원인이나 상황은 자존심이 상했을 경우, 욕구불만일 경우, 수면부족, 심리적 불안일 경우 등이다. 시놋트 박사가 분석해 낸 이러한 결과들을 토대로 가설을 세워 보면 사람들은 간섭받기를 가장 싫어한다고 할 수 있다. 평소엔 하고 싶다가도 누군가 '해봐라'라는 강한 지시를 받으면 하고 싶은 생각이 싹 가신다.

'비전'을 지니면
강한 영향력이 생긴다

어느 조직이든 리더는 사심私心을 버려야 한다. 그래야 구성원이 따르고 끝이 좋다. 개인적인 욕심이나 야망을 갖고 지도자의 자리에 앉아서는 안 된다. 이는 역사가 무수히 증명해주고 있다. 여기서 말하는 비전이나 야망은 개인적인 목표가 아니라 그 조직을 위한 비전과 야망을 말한다.

비전 내지 야망은 사람들을 움직이게 만든다. 비전과 야망이 있는 사람은 자신이 하는 일에 열중할 줄을 안다. 그런 사람은 모래사장에서 모래성 쌓기에 완전히 몰두하는 어린아이들 같다. 자연히 다른 사람들을 자기편으로 끌어들일 수 있다.

영국의 석학 버트란드 러셀은 일생에 75권의 저서를 남겼다. 그는 자신이 성공한 이유는 불타는 야망이 있었기 때문이라고 말했다. 사람에게는 불타는 야망의 모습이 필요하다. 그것은 사람에게 필요한 카리스마의 중요한 부분을 형성하기 때문이다. 야망이 없는 리더, 야망이 없는 조직체는 생명력과 미래가 없다. 그렇다고 아침마다 구호로 외치거나 일하는 순간마다 열광적일 필요는 없다. 조직 구성원은 어느 그 누구도 리더가 24시간 내내 일에 미쳐있는 상태를 원하지 않는다. 리더는 조용한 가운데 야망의 실현을 효율적으로 이끌어 가야 한다. 소리 없이 조용한 가운데 리더의 야망을 구성원에게 전달하고 조직 전체에 확산시켜야 한다. 인간에게는 누구나 휴식이 필요하다. 휴식 중에 새로운 아이디어와 일에 대한 열망과 힘力이 축적되는 것이다.

팀

능력을 키워라

사랑과 야망이 있다고 하더라도 조직을 관리하고 비전과 야망을 달성하기 위한 능력이 없다면 지도력을 발휘할 수 없다. 리더로서의 자질도 문제가 된다. 리더는 스스로 자기개발과 능력배양을 위해 시간적으로 혹은 경제적으로 부단히 노력하고 투자해야만 한다. 필요한 전문 지식과 상식을 섭렵하기 위해 책을 가까이하고 강연이나 세미나에도 적극적으로 참가해야 한다.

능력이란 자기 스스로 발휘하는 것이다. 능력을 발휘하려면 노력해야 한다. '난 복잡한 것을 생각하기가 싫다. 그저 땀 흘리는 일이나 몸으로 때우는 일이라면 맡겨 달라'고 생각하는가. 그런 생각을 하는 자가 있다면 지도자가 되기엔 무리라고 판단된다. 노력을 하면 뭐든지 이루어낼 수 있다. 골프를 예로 들어보자. 누구든지 1,000시간만 치면 한 사람의 구실 정도는 할 것이다. 모든 스포츠가 다 그런 것

처럼 아무리 재주가 없는 사람이라도 열심히만 한다면 어느 수준에
는 도달할 수 있다. 그러니 이 글을 읽는 당신도 충분히 일정 수준 이
상의 능력을 키울 수 있을 것이다.

　제트 항공기가 급격히 상승할 때는 2초가량의 사이에 11개 정도의
기계 장치를 조작, 점검을 해야 한다고 한다. 제트 항공기가 가진 속
도의 5분의 1 정도의 속력을 자랑하는 청룡열차도 마찬가지다. 급회
전과 급상승을 하는 열차 놀이에서도 사진을 찍어 보면 중력에 못 이
겨 얼굴의 근육이 축 늘어지는 등 일그러져 있는 것을 볼 수 있다. 그
2초가량의 급상승에서 우리 같은 여느 사람은 반 실신 상태가 아니면
토하기 일쑤다. 그런 가운데 여남은 개의 기계 조작이나 점검을 정확
히 한다는 것은 도저히 불가능한 일인 것이다. 정신을 차리고 있는 것
만도 다행인 것이다. 그러나 제트기 파일럿은 그 2초 사이에 11~12개
의 바늘 눈금을 정확히 보고 냉정하게 조작해야 한다. 그것이 최대한
의 능력이다. 그런데 우주비행사에게 요구되는 능력은 그 5배라는 것
이다. 그것은 초긴장 상태에서의 끊임없는 훈련의 결과로 얻어지는
것이다.

目

정직한 리더가 되라

정직은 최고의 보증보험이다. 자기 인식과 솔직함, 그리고 성숙함이다. 지도한다는 것은 단순히 방법을 가르쳐 주거나 명령을 하는 것이 아니기 때문이다. 현명한 사람은 실패를 걱정하지 않고 실수를 감수한다. 자신이 실수로부터 배울 수 있음을 알기 때문이다. 솔직하게 나오면 대단히 반응이 좋고 성원의 가슴에 파고들기 마련이다. 지성인들은 정직함의 값어치를 그리 높게 매기지 않는다. 하지만 여러분은 정직하다는 것을 경시해서는 안 된다. 정직한 지도력, 가슴속을 열어 보이는 리더십이 중요하다.

신뢰는 사회를 움직이게 하는 윤활유다. 신뢰 관계가 전혀 없는 사회는 존재하지 못한다. 신뢰란 책임성과 예측성 그리고 확실성을 바탕으로 성립된다. 이것이 없으면 사회를 조금도 변화시킬 수 없다.

신뢰는 사회의 통일을 유지하기 위한 접착제이다. 신뢰받을 수 있는 사람은 자기의 생각을 이해시키고 직무를 명확하게 시킬 수 있는 사람이다. 신뢰한다고 하는 것은 인격적이며 체험적인 일이다. 이스라엘과 이집트 전쟁을 떠올려 보자. 병력으로만 치자면 이집트가 이스라엘보다 많았다. 그럼에도 이스라엘이 전투에서 이기곤 했다. 그것이 가능할 수 있었던 이유는 이스라엘 쪽이 그만큼 우수한 전략이나 전술을 갖고 있었기 때문이다. 또 다른 이유를 들자면 인원수 덕분이었다. 나중에 전쟁터를 살펴보니 이스라엘 전사자의 태반은 장교였다. 이집트 장교의 전사자 수는 병사에 비해 훨씬 적었다. 바로 이 점이 이스라엘 군대가 이집트를 이길 수 있었던 이유라고 한다. 이스라엘 군대의 전원이 너 나 할 것 없이 솔선수범했다고 한다.

이 사회에서 가장 높은 가치는 정직이다. 솔직하다는 것은 어떤 의미로는 사람과 민중을 사로잡는 큰 힘이 된다. 솔직한 지도력, 가슴속을 열어 보이는 대인관계가 요긴한 것이다. 이처럼 한 나라의 리더가 되려면 사람이 정직하고 투명해야 한다.

자긍심을 부추기면
시도 때도 없이 움직인다

조선시대 중엽에 이성구라는 유명한 정승이 있었다. 그는 일찍이 관직에서 물러나 후학들을 양성하고 있었다. 어느 날 그가 낚시를 하고 있는데 젊은 선비가 반말로 말했다.

"여보게 늙은이, 나를 업어 개울을 건네주게나."

아무 반응이 없자 젊은이는 이렇게 말했다.

"상놈이 양반의 말을 무시하는가."

이렇게 고함을 버럭 질렀다. 이성구는 젊은 선비를 한참 바라보다가 그를 업어 주었다. 고함에도 도무지 두려운 기색이 없는 노인의 의연한 태도가 이상해 마을 사람들에게 물어보니 그가 바로 이성구 대감이었다. 젊은이는 그를 찾아가 사죄했다. 마음이 강한 사람은 어떤 굴욕적인 상황에서도 흔들림이 없다. 부자는 남들이 자신을 가난하다고 말해도 화를 내지 않는다. 자긍심이 강한 사람은 성급하게 화를 내거나 과시욕에 사로잡히지 않는다.

자긍심이란 가치 있는 일을 하고 있다는 자각과 있는 힘을 다 쏟고 있다는 자부로 성립된 감정이다. 자긍심을 가지고 일하기 위해서는 자기가 하는 일의 의의와 가치를 스스로 찾아야 한다. 자긍심을 가지고 일을 하는 사람은 자신의 일에 최선을 다하게 된다. '지루하고 따분한 일', '별 볼 일 없는 일'이라고 자기 일을 과소평가한다면 일의 성과도 없을 뿐더러 긍지도 가질 수 없다.

사람은 자기를 높이 평가하는 사람에게는 호감을 가지나, 그러지 않은 사람에게는 호감을 갖지 않는다. 남이 물건을 샀을 때 "그래요? 그 옷 한 번 세탁하면 물이 빠져서 못 입을 것 같은데요!"라고 했다면 상대방은 자존심이 상해서 매우 불쾌하게 생각할 것이다. "참 안목이 높으시군요. 이거 어디서 사셨어요?"라는 말을 들으면 상대는 자아가 칭찬 받는 것 같아 상당한 긍지를 느끼게 된다.

자긍심을 채워 주면 보수가 별것 아닌 일에도 기꺼이 참여하는 것이 인간이다. 사람은 개인이 가지는 다양한 생활 방식과 사고방식을 인정하면서 자기 나름의 지침도 마련해야 한다. 다시 말하면 자기의 일과 인생을 소중히 여기면서 나아가야 할 방향을 확실히 정해야 한다.

어느 시대에서도 지도력의 원천은 자기 자신에게 가지는 긍정적인 자세에 있었다는 것을 명심해야 한다.

사람은 자긍심 때문에 대인 관계에서 열위에 놓이는 것을 싫어한다. 특히 남성은 이 우열 관계에 민감하여 될 수만 있으면 상대보다 우위의 입장에 서기를 바란다. 그래서 다른 사람으로부터 지시나 명령을 받으면 기본적으로 불쾌감을 가진다.

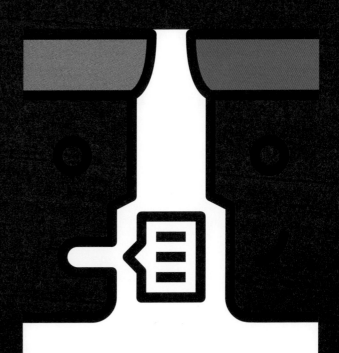

제5장

나의 스피치
스타일은
무엇일까

나의 스피치 스타일은 무엇일까?

스타일의 개념은 문화적 정체성 또는 견고성과 직결된다. 스타일은 어떤 사물 또는 어떤 것을 행하는 방식들에 대한 패턴화와 유형화를 의미한다. 스피치 스타일이란 사회문화 내에서 다른 부류의 그룹이나 영역이 갖는 패턴으로부터 차별화될 수 있어야 한다. 따라서 스타일은 사회적 상호작용, 커뮤니케이션과 정체성을 조직하고 그 속에서 경합하며 표현되는 일련의 규칙, 코드, 관습의 통합적인 부분으로 보아야 할 것이다. 이러한 의미에서 스타일은 특정 사회집단들의 상징적 속성으로 보다 폭넓은 사회적, 문화적, 양식적 관계 내에서 그들의 지향성과 자세를 표현해 주는 기능을 한다고 볼 수 있다.

스피치 스타일은 개개인마다 다르다. 이는 개인적 특성이나 개인의 언어적 습관 등에 영향을 받았기 때문이다. 이러한 여러 가지 다양한 스타일을 유형화하기란 쉬운 일이 아니다. 스타일을 도출해 내는 것은 매우 어려운 일이다. 그러나 언어적 요인을 포함하여 청취자의 입장에서 언어적 요인을 집단화하여 청취자가 인지 및 구분할 수 있는 범위 내에서 집단화할 수 있으면 스피치 스타일의 구분이 가능하다.

윤치영 박사의 논문인 '스피치 스타일이 고객만족과 구매의도에 미치는 영향'에서 등장한 내용을 참고하여 기술하겠다. 스피치 스타일은 크게 네 가지로 나뉜다. 설파형, 표출형, 서술형, 논증형으로 구분하였다.

설파형

단도직입적인 편이며 자기주장이 강하다. '할 수 있어', '내가 책임 질게', '애같이 굴지 마'와 같은 말을 자주 사용한다. 표정이 무겁고 근엄하며 목소리가 크고 빠르다. 상대방에게 빠른 답변을 요구한다. 주장과 고집이 강해 공감력과 설득력이 떨어지는 편이다. 일명 단무지다. 단순 무식할 정도로 직선적인 화법을 구사한다. 성격은 지랄맞지만 대신 뒤끝은 없다.

표출형

남들 앞에 나서기를 좋아한다. '복잡한 거 질색이야, '나, 어때?' 등의 말을 함으로써 인정받기를 좋아하고 공감 받는 것 역시 좋아한다. 표정이 밝고 변화무쌍하며 목소리에 리듬감이 있고 경쾌발랄하다. 표현력과 공감력이 강하지만 수다스러운 편이다. 말하는 양에 비해 설득력은 떨어지는 편이다. 일명 오이지다. 오지랖이 넓고 이기적이고 지상낙원을 꿈꾸지만 지구력이 약하다.

서술형

'죄송하지만…', '미안합니다만…' 등의 쿠션어와 공감어를 자주 사용하며 '네 생각은 어때'라는 말을 자주 사용한다. 양보심이 강하고 자기주장이 약한 편이다. 표정이 부드럽고 목소리가 조용하며 경청을 잘한다. 일명 지지지다. 지적이고 지혜롭게 지지자를 구한다. 지구력이 강하지만 지체하다가 실기할 때도 있다.

논증형

'그게 맞는 말이야?'라며 정확한 데이터나 근거를 바탕으로 말하며 원칙을 중시한다. 표정의 변화가 없는 편이며 목소리가 단호하고 예의가 바르다. 공감력은 다소 떨어지지만 설득력과 이해력이 강하다. 일명 소세지다. 소심하고 세심하지만 지긋지긋하게 치밀하고 지상명제를 잘 풀기도 한다. 상대적으로 강한 주장의 언어적 스타일인 설파형, 표출형에 비해 차분하고 설명력 있는 언어적 스타일인 논증형과 서술형의 스피치 스타일이다.

다음의 표를 살펴보면서 나 자신에게 해당하는 스피치 스타일을 살펴보자.

각각의 스피치 스타일의 특징

구분	이성(논리)적	감성(서정)적
직접 화법	**설파형** • 지시적 표현을 즐기고 전달하고자 하는 내용을 강하게 표현하고 자기 주장이 강한 스타일. • 목소리가 크다. 목소리가 빠르다. 빠른 답변을 요구한다. 책임자를 찾는다.	**표출형** • 상대방에 대한 배려와 협조를 구하는 설득적인 측면을 포함하는 스타일. • 목소리에 리듬이 있다. 경쾌하고 발랄하다. 산만하다. 말을 많이 한다.
간접 화법	**논증형** • 상대방을 설득하기 위한 근거를 바탕으로 논리적으로 풀어가는 스타일. • 목소리가 단호하다. 예의가 바르다. 근거자료를 제시한다, 표정의 변화가 없다.	**서술형** • 어떤 내용을 전달하고자 하는 의지를 드러내기보다는 사실적 측면에 초점을 두어 내용을 나열하는 식의 스타일. • 목소리가 조용하다, 경청을 잘 한다, 쿠션어를 많이 사용한다(죄송하지만, 미안합니다만).

구분	특징	공통점
설파형	주장과 고집이 강해 공감력과 설득력이 떨어지는 편이고 단도직입적인 편이며 자기주장이 강하며 '할 수 있어', '내가 책임질게', '애같이 굴지 마'와 같은 말을 자주 사용한다. 표정이 무겁고 근엄하며 목소리가 크게 빠르면 빠른 답변을 요구한다.	상대적으로 강한 주장의 언어적 스타일
표출형	표현력과 공감력이 강하지만 수다스러워서 말하는 양에 비해 설득력은 떨어지는 편이고 남 앞에 나서는 것을 좋아하며, '복잡한 거 질색이야', '나, 어때?'라고 인정받기를 좋아하고 '너무 재밌지?'라며 공감받기를 좋아한다. 표정이 밝고 변화무쌍하며 목소리에 리듬이 있고 경쾌 발랄하다.	
서술형	공감력은 강하지만 설득력은 다소 떨어지고 '죄송하지만…', '미안합니다만…' 등의 쿠션어와 공감어를 자주 사용하며 '내가 도와줄게', '잘 지내보자', '네 생각은 어때' 등과 같이 양보심이 강하고 자기주장이 약한 편이다. 표정이 부드럽고 목소리가 조용하며 경청을 잘한다.	차분하고 설명력 있는 언어적 스타일
논증형	공감력은 다소 떨어지지만 설득력과 이해력이 강해 '원칙을 지켜야지', '그게 맞는 말이야?'라며 정확한 데이터나 근거를 바탕으로 말하며 원칙을 중시한다. 표정의 변화가 없는 편이며 목소리가 단호하고 예의가 바르다.	

자가진단1 : 내 스피치 스타일은 무엇인가?

(나 자신에게 해당하는 항목의 개수만큼 점수를 매겨보자. 점수가 가장 많이 나온 유형이 당신과 가장 근접한 유형이다.)

구분	설파[說破]형	표출[表出]형	서술敍述]형	논증 [論證]형
1	단도직입적으로	수다스러운	감정을 잘 표현하지 않는	할 말은 하는
2	솔직한	명랑한	상냥한	신중한
3	격려하는	호의적인	배려하는	주의 깊은
4	경쟁적	우호적	타협적	논리적
5	과감한	친절한	충직한	상세한
6	불굴성	붙임성	온화함	사려깊음
7	주장 강한	수사적인	수용적인	분석적인
8	직설적인	활기 있는	은근한	자제력 있는
9	활달한	친근한	충실한	확실한
10	빠른 답변 요구	긍정적 표현	지금 이대로	원칙을 지켜
11	Yes/No 확실하게	즐겁게	평화스럽게	신중하게
12	확신을 주는	말하기 좋아하는	쉽게 화내지 않는	민감히 반응하는
계				

자가진단2: 내 스피치 스타일은 무엇인가?

(나 자신에게 해당하는 항목의 개수만큼 점수를 매겨보자. 점수가 가장 많이 나온 유형이 당신과 가장 근접한 유형이다.)

구분	설파[說破]형 elucidation	표출[表出]형 expression	서술[敍述]형 description	논증 [論證]형 demonstration
1	과감하며 직설적	밝고 호의적	서술적이며 우회적	논리적이며 구체적
2	과장법을 많이 쓴다	칭찬을 잘 한다	감정표현을 많이 한다	근거자료를 제시한다
3	목소리가 크고 거침이 없다	목소리에 리듬감이 있고 말이 빠르다	목소리가 조용하며 말이 느리다	목소리가 단호하고 어조에 변화가 없다
4	이성적이며 선언적	감성적이며 장황하다	감성적이며 부드럽다	이성적이며 분석적이다
5	간단명료하고 지시적	상냥하고 우호적이다	온화하고 배려심이 많다	합리적이며 냉철하다
6	표정이 강직하다	표정이 밝다	표정이 온화하다	무표정하다
7	지시적이며 통제적이다	협조적이며 낙천적이다	관대하며 타협적이다	신중하며 정확하다
8	주관적이며 과시적인 편을 잘 한다	'자,이제 맘껏 취해봅시다' 식으로 분위기를 잘 띄운다	'죄송하지만','미안하지만' 등 쿠션어를 잘 사용한다	'그 말 확실해?''근거가 뭐야?'등 정보를 잘 확인한다
9	주장이 강하고 빠른 답변을 요구한다	말이 많은 편이고 자기 감정을 잘 드러낸다	평소 말이 없는 편이고 화를 잘 내지 않는다	무뚝뚝한 편이며 매사 진지하다
10	도전적이고 주도적이다	부드럽고 사교적이다	친절하고 점잖다	차갑고 신중하다
11	단도직입적 표현을 잘 쓴다	즉흥적이며 단순한 논리지만 재치가 있다	상황을 잘 설명하되 본심을 잘 드러내지 않는다	구체적 사례를 잘 들지만 객관적이다
12	중간에 말을 가로막거나 화를 잘 낸다	상대의 감정에 잘 순응하며 용서를 잘 한다	Yes/No표현은 잘 못하지만 비아냥은 잘 한다	예의가 바르지만 집요하게 물고 늘어진다
13	야성(野性)적이라면	이성(理性)적이고	감성(感性)적이며	지성(知性)적이다
14	얼굴 윤곽이 뚜렷하다	얼굴이 계란형이다	얼굴이 둥근 편이다	얼굴이 역세모형이다
15	말이 드라이한 편이다	유머러스하다	은근히 웃긴다	웃기려고 하는데 너무 논리적이라서...
16	'내가 책임질께!','애같이 굴지 마!' 등 책임을 주는 표현을 잘 쓴다	'좋은 것이 좋은 거야', '함께 가자' 등 동조를 구하는 말을 자주 쓴다	'몰라','시간이 해결해주겠지' 등 무책임한 표현을 가끔 쓴다	'왜냐하면','...하기 때문에..'등 이유제시어를 사용하여 설득력을 높인다
17	무뚝뚝하고 경청에 서툴다	표현력이 좋고 남 앞에 나서는 것을 즐긴다	남의 말을 잘 듣고 친절하다	설명을 잘하지만 질문도 많다
18	외향적이며 이성적이다	외향적이며 감성적이다	내향적이며 감성적이다	내향적이며 이성적이다
계				

스피치의 네 가지 스타일, 사인사색

앞에서도 말했듯이 스피치 스타일은 크게 네 가지로 나뉜다. 설파형, 표출형, 서술형, 논증형으로 구분하였다. 다음은 각각의 스타일을 조금 더 자세하게 알아보겠다.

설파형이란?

설파형은 직접화술을 즐겨 쓰며, 단도직입적으로 선언하듯 자신의 의도를 확실히 드러내는 스피치 특징을 갖는다. 설파형은 불필요한 사설로 시간을 낭비하는 것을 싫어한다. 가장 실제적이고 효율적인 시간활용을 중요시 여기는 스타일이다. 특히 표출형들은 이들과 같이 있을 때 결론도 없는 부질없는 얘기를 오래 하다가, 설파형의 결정적인 펀치 한 방에 무안해지는 경우들이 많다. 그러므로 이들과 함께 있을 때 조금은 삭막하게 여겨지더라도 당신이 해결하기 원하는 실무적인 이야기를 빨리 하고 대답을 듣는 편이 낫다. 우물쭈물하다가 시기를 놓치면 나중에 설파형들로부터 더욱 호된 꾸중을 당하게 된다. 설파형은 말을 길게 하는 사람을 싫어한다. 그러므로 사전에 어떻게 말할 것인지를 간단히 메모하여 중요한 안건만 골라서 말하는 것이 좋다. 상황이나 배경설명은 짧게 하는 것이 좋다. 무엇 때문에 이런 결과가 나온 것 같다고 간단히 설명하고, 어떻게 처리했으면 좋겠느냐고 공을 그에게 던지는 것이 훨씬 효율적이다.

■ 보다 나은 스피치를 위한 조언 — 설파형

불끈 심리를 버려라

어느 날 한 목사님이 분노에 대해서 설교를 했다. 예배가 끝나자 한 부인이 목사님께 다가갔다. 그 부인은 자기가 성질이 너무 급해서 고민이라며 목사님에게 자기 문제를 고백했다.

"목사님, 저는 작은 일에 가끔 폭발을 하지만, 그 후엔 뒤끝이 없습니다. 금방 풀어 버립니다. 마음에 두고 꿍하고 있지는 않지요. 일 분도 안 걸려 그 사람하고 그 자리에서 다 뚝뚝 털어버리고 끝납니다." 목사님께서 그 부인의 눈을 들여다보면서 정중히 말했다. "엽총도 그렇습니다. 한 방이면 끝나지요. 오래 안 걸립니다. 그러나 한 방만 쏘아도 그 결과는 엄청납니다. 다 박살나지요."

골프를 배울 때, 지도자들은 이렇게 말한다. 힘 빼는 데 3년이 걸리고, 힘을 주어야 할 순간을 아는 데 또다시 3년이 걸린다고. 어떤 분야든지 간에 일단 일을 시작하려면 몸과 마음에서 힘을 빼야 한다. 여기서 말하는 '힘 빼기'라는 말은 곧 마음을 비우라는 의미이다. 강력한 힘 역시 유연한 가운데서 나오는 법이다.

　수영을 배울 때도 몸에 잔뜩 힘을 주면 가라앉는 법이다. 온몸에 힘을 빼는 순간에야 비로소 물에 뜬다. 글쓰기에서도 마찬가지다. 이제 막 글쓰기를 배우기 시작한 사람의 글을 보면 티가 난다. 미사여구가 난무하며 문맥이 맞지 않는다. 문장을 멋있게 쓴답시고 한껏 힘을 준 티가 난다. 하지만 시간이 지날수록 군더더기가 줄고 표현이 간결해지기 시작하면서 감칠맛이 난다. 운필에서도 손과 팔에는 힘을 완전히 빼야 붓끝이 자유로워진다. 힘을 빼야만 붓끝이 산다. 붓끝이 살아야 힘을 발휘한다. 피아노를 칠 때도 마찬가지다. 손가락에 힘을 빼야 한다. 대중 앞에서 말을 할 때도 마찬가지다. 잘해야 되겠다고 잔뜩 힘(욕심)을 주면 말이 뒤엉켜 버리기 십상이다. 하지만 욕심을 버리고 진솔하게 마음을 표현하다 보면 청산유수靑山流水처럼 말이 흘러나오기 마련이다.

　필자는 최근 '라뮤즈'라는 이름의 모임에 가입했다. 음악을 사랑하는 이들과의 모임이다. 이곳에서 색다른 경험을 하고 있다. 이곳의 수장이신 테너 김명관(논산 박애외과 원장) 님은 대단하신 분이다. 자신이 지닌 수장의 힘을 다양한 구성원들과 함께 나누며 모임의 균형과 조화로움을 조성하고 계신 분이다. 이도 역시 '내가 아니면 안 된다'는 자만심을 버린 결과이다. 힘 빼기 리더십이라고 할 수 있다. 온 가족의 구성원 모두를 연주가로 키운 박희규 원장은 라뮤즈 멤버다. 그분은 목소리가 허스키하지만 툭툭 던지는 듯한 창법이 매력적이다. 성악에서도 '목에서 힘을 빼야' 제대로 발성이 된다고 한다. 원장님의 창법이 매력적인 이유 역시 목소리에 힘을 빼고 부르기 때문이 아닐까.

　살아가면서 우리는 몸과 마음에 힘이 잔뜩 들어가 자만심으로 똘똘 뭉친 사람을 만나기도 하고 온유하고 관대하고 유머 감각까지 갖춘 사람들을 만날 때도 있다. 이것 역시 자신을 지키기 위해 몸에 힘을 잔뜩 준 사람과 자기개방을 통해 몸과 마음에서 힘을 뺀 사람의 차이라고 할 수 있지 않을까.

　힘을 빼기만 해도 조금 더 수월하게 살아갈 수 있다. 매사에 젖 먹던 힘까지 끌어올리며 용을 써댈 것이 아니라 오히려 젖 먹던 힘마저 뺀다면 물처럼 유연하게 흘러갈 수도 있다. 살다보면 의욕과 집착만으로는 세상과 통할 수 없다는 사실을 알게 된다. 자신의 옥벽을 깨면 세상과 소통하는 자유로움을 누릴 수 있게 된다. 아마도 이런 상태를 일컬어 해탈의 경지라 할 것이다. 살아가는 일에 힘을 빼기 위해서는 '힘'을 길러야 한다는 역설적인 논리는 '삶의 매 순간에 깨어있음으로써 긴장을 놓치지 말아야 함'을 의미한다고 할 수 있다. 흔히 경영이든 인생이든 '기본으로 돌아가라Back to the Basic'라는 말을 한다. 그 기본 중의 하나가 바로 힘 빼기는 아닐까.

상대방이 더 많이 얘기하도록 만들어라

비즈니스에 있어 성공적인 상담의 비결은 무엇일까? 하버드 대학교 총장이었던 찰스 W. 엘리어트는 이렇게 말했다. "상담에 별다른 비결 따위는 없다. 다만 상대방의 이야기에 주의를 기울여 잘 경청하는 것이 중요하다. 어떠한 찬사도 이보다 효과적인 방법은 없다." 사람들은 누구나 다른 사람의 문제보다는 자신의 일과 소망, 그리고 문제들에 대해 더 많은 관심을 가지고 있다. 타인을 다루는 가장 효과적인 방법은 상대방의 말에 공감하면서 진지하게 그의 말을 경청하는 것이다.

상대방의 말을 들을 때는 결과만이 아니라 경과도 함께 들어야 한다. 한국인들에게는 고질병이 있는데 그것은 바로 '빨리빨리' 문화이다. 설파형들은 식당에 가서도 주문한 음식이 10분을 넘도록 나오질 않으면 종업원을 불러 말한다. "여보시오, 여기 계산이 얼마요?" 이렇게 말하며 식당을 나가겠단 소리를 식은 죽 먹듯이 한다.

한 친구가 자기 경험담을 줄줄이 얘기하고 있으면 듣고 있던 친구가 이렇게 말한다. "그래, 결론이 뭔데? 바쁜 세상에 무슨 얘기가 그리 장황하노? 결론만 말해!" 이렇게 말하며 상대방의 말을 잘라버리기 일쑤이다.

일찍 퇴근한 남편이 티비 앞에서 쉬고 있을 때 아내가 다가와 하루 동안 있었던 일을 얘기하고 있노라면 듣고 있던 남편이 답답하다는 듯이 말한다. "그래, 결론이 뭔데, 결론만 얘기해도 다 알아들으니까 결론만 말해 봐! 돈이 필요해? 아님, 연말에 동해안 정동진에 가서 일출을 보자는 얘기야?" 이렇게 말하며 얘기의 결론을 요구한다. 대화를 함에 있어서 결론 못지않게 중요한 것이 바로 과정이다. 이야기의 과정 속에 진실이 담겨 있고, 그 사람 문제의 해결 방식이 녹아 있는 것이다. 결론만 들으려는 사람은 오로지 죽음만을 기다리는 사람과 진배없는 것이 아닐까?

우리에겐 좀 더 여유 있는 마음으로 남의 말을 들어 줄 수 있는 아량과 인내가 필요하다.

설명보다 경청이 효과적이다

아메리카 인디언의 격언 중에 "경청하라, 자기 말만 하는 사람은 귀머거리와 다름없다."라는 말이 있다. 누군가를 이해하기 위해서는 그들의 하는 말을 경청해야 한다. 하지만 문제는 대부분의 사람들이 경청하는 법을 모른다는 데 있다. 대화를 할 때, 사람들은 다음 말을 준비하느라 상대방의 이야기를 주의 깊게 듣지 않는 경향이 있다.

다음은 남의 말을 듣는 태도 중에 나타나는 잘못된 버릇의 다섯 가지 예이다. 대부분의 사람들은 실제로 이런 버릇을 가지고 있다. 멍하니 있기, 듣는 척만 하기, 골라서 듣기, 단어만 듣기, 자기중심적으로 해석하기.

멍하니 있다는 것은 마음이 전혀 다른 세상을 떠돌고 있어서 상대방이 하는 말을 귀담아 듣지 못하는 상태를 말한다. 상대방의 말에 건성으로 맞장구를 쳐 줌으로써, 듣고 있는 척하는 것이다. 골라서 듣는 것은 대화 중에 관심 있는 부분만 집중해서 듣는 것이다. 단어만 듣는 것은 상대방의 표정이나 몸짓, 감정을 놓치는 것을 말한다. 자기중심적으로 듣는 것은, 자기 자신의 관점에서만 모든 것을 바라볼 때 일어난다. 이런 태도를 가진 사람은 상대방의 감정을 정확히 알 수 없다. 제대로 듣고자 한다면 눈과 마음, 그리고 귀를 이용해 들어야 한다. 그리고 상대방의 입장이 되어 바라봐야 한다.

적극적 경청이란 커뮤니케이션에 있어 적극적인 청취 태도에 대한 사고방식을 말하는데, '공감적 경청' 또는 '경청'이라고도 한다. 비지시적 카운셀링의 Carl P. Rogers가 제창한 방법이다. 경청은 관심을 갖고 상대방의 말을 경청하는 것이고, 상대방의 생각과 감정을 상대의 입장에 서서 이해하는 것을 말한다. 단어에서 뜻하는 것처럼 진실한 감정과 태도를 전하는 것은 어렵다. 그러나 경청함으로써 상대방의 심정과 감정, 태도를 전달받는 것이 가능하고, 그 과정에서 자신의 생각과 느낌도 상대방이 이해하려고 노력하게 된다. 적극적 경청의 태도에는 상대가 무엇을 느끼고 있는가를 상대의 입장에서 받아들이는 공감적 이해가 중요하고, 자신이 갖고 있는 고정관념을 버리고 상대의 태도를 받아들이는 수용의 정신, 자신의 감정을 솔직하게 전하고 상대를 속이지 않는 성실한 태도가 필수적이다. 커뮤니케이션의 기본 태도인 적극적 경청은 관리·감독자를 대상으로 대인능력을 향상하는 연수 중에 채택되는 일이 많다. 적극적 경청을 하려면 다음과 같은 태도와 자세가 요구된다.

① 비판적·충고적인 태도를 버린다.
② 상대가 말하고 있는 의미 전체를 이해한다.
③ 단어 이외의 표현에도 신경을 쓴다.
④ 상대가 말하고 있는 것을 feedback해 본다.
⑤ 감정을 흥분시키지 않는 것이 중요하다.

외교적 언사를 배워라

일상에서 흔히 하는 말로 '외교적 발언'이 있다. 이는 민감한 사안에 직면하여 어느 한쪽의 입장에 서 있지 않은 것처럼 보이도록, 일부러 애매모호하게 말하거나 만약의 경우에 책임이 따를지도 모를 단정적인 내용의 언급을 회피하는 언어사용방식을 일컫는 단어다.

'외교적'이란 형식적이고 수사적修辭的이란 뜻이다. 국제관계란 것이 여러 나라가 관련되는 경우가 많으므로 딱 부러지게 표현하지 않는 경우가 많다. 문장형식은 세련되어 있지만, 내용은 상당히 유보적인 경우가 많다. 그래서 깔끔하고 예의바르지만 내용이 애매한 경우에 '외교적 수사'라는 말을 하기도 한다.

또 '외교적 언사'라 함은, 목적은 다른 데 있지만 그럴듯한 포장으로 상대방을 치켜세우는 기술적인 말을 가리킨다. 이는 외교행위의 특수성을 잘 나타내준다. 또 직접적인 용어가 미칠 충격이나 영향력을 줄이기 위해 완곡하게 둘러대거나 은유적인 표현을 하는 이중화법을 구사한다.

다음과 같은 예들이 더 있다. 경기후퇴는 마이너스 성장, 가격인상은 가격현실화, 후진국은 개발도상국가, 불법정치자금은 통치자금, 뇌물은 대가성이라고 표현한다. 어떤 일이든 이러이러한 것이라고 딱 잘라 말하면 실패하는 수가 많다. 나중에 잘못하였다는 사실이 드러나면 그 인간의 믿음에 흠집을 주기 때문이다. 중용을 지키더라도, 말이란 단정해서 딱 잘라 하지 않는 것이 좋다. 한편 단정적인 말을 즐겨하는 상대를 대할 때는 그의 말 뒤에 숨어 있는 그의 느낌과 욕구에 귀 기울여보자. 당신은 그의 영혼과 마음의 깊은 상처를 공유하며 동료인 인간의 선물을 받게 될 것이다.

유혹 포인트를 익혀라

어느 아이스크림 상점에서 한 여종업원이 맡는 코너가 유독 매출량이 높았다. 비결이 궁금했던 사장이 종업원에게 물었다. 그러자 그녀는 이렇게 대답했다. "별것 아니에요. 처음에 아이스크림을 듬뿍 올려놓고 덜어냈는데, 손님들이 싫어하는 인상을 하더라구요. 그래서 이제는 조금 모자라게 올려놓고 나서 한 주걱 더 드려요. 그랬더니 똑같은 양인데도 불구하고 사람들이 더 좋아합니다." 사람은 참 단순한 부분이 많다. 또 그러한 부분을 활용하여 마케팅의 유혹 포인트가 되고 있다. 그렇다. 도깨비는 사람을 홀리기는 하지만 해코지는 않는다고 한다. 유머가 마치 그러하다. 사람의 마음을 홀리기는 하지만 절대 해코지는 않는다. 한 부부가 부부싸움을 했는데 아내가 몹시 화가 나서 남편에게 집을 나가라고 소리를 질렀다. 그러자 남편이 "나가라면 못 나갈 줄 알아?" 하면서 집을 나가버렸다. 그런데 잠시 후 나갔던 남편이 다시 집으로 들어왔다. 아직도 화가 풀리지 않은 아내가 왜 다시 들어왔느냐고 소리를 질렀다. "가장 소중한 것을 놓고 갔어!" "그게 뭔데?" 그러자 남편 왈, "바로 당신!" 그 말에 아내는 그만 피식 웃고 말았다.

논지를 세우고 말하라

설파형은 자칫 논리적이지 못할 때가 있다. 가타부타 주장하기에 앞서 논지를 세우고 말해야 한다. 그 논지를 증명해 가는 것이 논리적인 스피치 기법이다. 예를 들어서 "석탄은 날이 갈수록 덜 사용된다."는 논지를 세웠다고 하자. 그 논지가 증명되어가는 요지를 살펴보자.

논지 : 석탄은 날이 갈수록 덜 사용된다. ① 가정에서 기름을 때는 집이 많아졌다. ② 기관차도 더 이상 석탄을 쓰지 않는다. ③ 공장에서도 석탄 때는 곳이 없어져 간다. ∴ 결론 : 고로 석탄은 날이 갈수록 덜 사용되는 것이 분명하다.

이것이 논리의 진행 방법이다. 이런 식으로 논지를 세우고 요지를 풀어간다면 스피치의 내용이 다른 길로 샌다든지 통일성을 잃지 않을 것이다. 논지의 요소들을 먼저 살펴보자. 논지는 그냥 세우면 되는 것이 아니다. 간단하기는 하지만 논리 훈련이 안 된 사람은 쉽게 만들어지지 않는다. 논지가 좋으면 스피치 내용도 좋아진다. 예를 들어서 '남자는 여자보다 완력이 세다'는 논지가 있다고 치자. 이런 것은 증명할 필요가 없다. 그런 이야기를 한다고 해도 그걸 굳이 시간을 허비해서 들을 사람도 없다. 그러므로 좋은 논지가 아니다. 그러나 "남자가 여자보다 힘이 세다는 말은 사실이 아니다"라고 한다면 앞의 논지보다 훨씬 재미있는 것이 된다. 그러므로 들으려는 사람이 생긴다. 오늘날 너무도 뻔한 스피치가 얼마나 많은가! 전체를 대표하는 한 문장이 너무도 뻔하기 때문에 일어나는 문제이다. 그러니 한 문장을 쓴 뒤에 물어보자. 뻔하지 않은가? 남들이 말하는 내용보다 한 걸음만 더 들어간다면 관심을 일으킬 수 있다.

논지의 범위는 분명하고 명확해야 한다

논지의 내용에 너무 많은 것을 포함하고 있으면 주장하는 바를 명확히 감을 잡기가 어렵다. 그리고 논지가 애매하면 더욱 더 무엇을 말하는지 알 수 없다. 스피치의 논지는 화자의 마음을 꿰뚫는 선명한 것이어야 한다. 스피커는 "내가 무엇을 말하려고 하는가?"에 대한 확실한 대답을 줄 수 있어야 한다. 논지는 그 스스로 퍼져 나갈 수 있는 힘을 가지고 있어야 한다. 확장되거나 발전하거나 밝혀 나갈 내용적인 요소가 있어야 한다. 스스로 질문해 보라. 이게 무슨 소리인가? 이것이 꼭 말해야 할 내용인가? 그리고 진실인가? 이러한 질문에 긍정적인 대답이 나온다면 이 논지는 스스로 힘을 가지고 있을 것이다.

표출형이란?

표출형은 기본적으로 외향적이고 감성적이다. 직접화술을 즐겨 쓰며 자신의 감정을 잘 드러내는 스피치 특성을 갖고 있기 때문에 자신의 의사를 잘 표현한다. 이런 의미에서 표출형이라고 칭하였다.

표출형들은 보편적으로 말솜씨가 대단하다. 말을 할 때 단순히 입으로만 말하는 것이 아니라 눈으로 사람들을 사로잡고 말하기 때문에 이들의 말에는 대단한 설득력이 있다. 또한 사람의 심정을 잘 알기 때문에 그 사람의 입장에 서서 말을 하므로 상대방은 마음을 열고 듣게 된다. 다혈질 앞에서 긴장하는 사람은 드물다. 상담자, 보험업, 매장 직원 및 영업사원들은 반드시 표출형의 사람을 고용해야 한다. 이들이 물건을 팔면 그냥 구경만 하려는 사람조차도 물건을 사게 된다. 한 개 사 갈 사람은 두 개 사 가지고 가게 된다. 얼마나 설득을 잘하는지 마치 무엇에 홀린 사람들처럼 이들의 말솜씨에 대부분 넘어간다. 이들은 똑같은 말을 하더라도 포장을 다르게 한다.

■ 보다 나은 스피치를 위한 조언 ─ 표출형

감정을 절제하는 대화를 하라

어느 할머니가 버스를 탔다. 마침 할머니가 서 있는 자리 앞좌석에는 학생이 앉아 있었다. 그 학생은 자는 척하다가 내려야 할 곳을 그만 지나치게 되었다. 황급히 잠에서 깬 척하고 일어서는 학생에게 할머니가 말했다. "왜? 좀 더 개기지."

성숙한 대화를 할 줄 아는 것은 나이와는 큰 상관이 없다. 대체적으로 잘 풀리지 않는 대화의 원인은 감정을 잘 통제하지 못해서 일어나는 경우다. 특히 뜻대로 풀리지 않는 상황에서 그러한 감정을 통제하는 일은 정말로 힘든 일이다. 내면의 거친 감정을 표면으로 내세우게 되면 서로 간의 감정을 해칠 수도 있고, 관계를 악화시킬 수도 있다. 또한 자신의 감정이 상할 수도 있다. 그렇다고 감정을 그냥 눌러놓기만 하면, 언젠가 기형적인 방법이나 파괴적인 양상으로 터질 수도 있다.

따라서 감정을 건설적으로 대화 속으로 끌어들이려면 먼저 당신의 감정을 잘 걸러내야 한다. 그러나 감정이 때때로 겉으로 잘 드러나지 않고 본인조차 감정의 수위를 인식하지 못할 때 자신의 분석력과 통찰력을 발휘해야 한다. 만약 누군가에게 화가 나 있다면 다음과 같은 생각을 해 보라. 그가 알았다면 다르게 행동할 수도 있었을 텐데 모르고 있는 것은 아닌가? 그가 고의로 해를 끼치려는 것인가? 내가 문제를 야기하도록 만들지는 않았는가?

이유제시어를 사용하라

아라비안나이트에서 '열려라, 참깨'라는 암호에 의해 동굴의 문이 열린다. 이것은 심리학에서 '유발기제'로 대응되는데 사람의 마음을 여는 데도 작용하게 된다면 훨씬 높은 성과를 이룰 수 있을 것이다. 이를 증명한 것이 랭거의 실험이다. "죄송합니다만 제가 지금 다섯 장을 복사해야 하는데 복사기를 먼저 사용하면 안 될까요? 왜냐하면 지금 제가 굉장히 바쁘거든요." 이처럼 무언가를 요청할 때 요청의 이유를 제시하는 방법은 매우 효과적이어서 94퍼센트의 사람들이 요청을 쾌히 승낙한다. 그런 데에 반해서 "죄송합니다만 제가 지금 다섯 장을 복사해야 하는데 제가 먼저 복사기를 사용하면 안될까요?"와 같이 이유제시 없는 요청의 성공률은 상대적으로 낮은 편이었다. 이럴 경우엔 60퍼센트의 사람들만이 승낙하였다. 더욱 놀라운 것은 "죄송합니다만 제가 지금 다섯 장을 복사해야 하는데 복사기를 먼저 사용하면 안 될까요? 왜냐하면 지금 제가 꼭 복사를 해야 하거든요."이라고 말했을 때는 93퍼센트의 승낙을 받게 된다. 인간 행동의 법칙 중의 하나는 그것이다. 다른 사람에게 호의를 요청할 때는 왜 지금 그것이 필요한가에 대한 이유를 반드시 제시하라는 것이다. 왜냐하면 사람들은 자신의 행동이 이유 있는 것이 되기를 원하기 때문이다. 이처럼 이유제시어가 되는 단어들 중에는 다음과 같은 것이 있다. '그래서', '그리고', '따라서', '다음은', '왜냐하면', '요약하자면' 등이 있다.

상대방을 나에게 빚진 상태로 만들어라

지나가는 사람에게 장미 한 송이를 건네며 "이것은 제가 당신에게 드리는 선물입니다."라고 말한 다음 "실례가 안 된다면 어려운 사람들을 위해 모금해 주시겠습니까?"라고 한 경우 그렇지 않은 경우보다 수배의 성과를 거두었다고 한다. 인간이란 원천적으로 신세를 지기 싫어하며 장미를 받고 성금을 한 후에야 비로소 그들은 자유의 몸으로 돌아오게 되는 것이다. 이러한 심리의 법칙을 악용하는 경우가 우리 주변에 많다. 한 소년이 행인들에게 다가가 "5달러짜리 서커스 티켓을 사주세요."라고 말했는데도 사람들은 본체만체했다. 사람들에게 거절당한 소년은 사람들에게 다가가 "정 그러시다면 초콜릿 하나라도 사주세요."라고 말했다. 행인들은 소년의 초콜릿을 사 주었다. 그런 식으로 소년에게 순식간에 2달러나 빼앗기는 사람이 있다. 소년은 먼저 자신의 주장을 굽히는 호의를 베풀었다. 이 유발기제에 의한 당신의 행동은 불 보듯 뻔한 결과가 아닌가. 이렇듯 상대방이 거절할 수 없는 호의를 먼저 베푸는 것이 심리전에서 이길 수 있는 하나의 방법이다. 이 방법의 핵심은 내가 먼저 상대방에게 작은 호의를 베풂으로써 더 큰 이득을 얻는 것이다.

■ 표출형과 대화하는 방법

표출형와 의사소통하려면 먼저 호의적이고 우호적인 환경을 만들어 준다. 자신의 생각, 느낌에 대해 이야기할 기회를 제공한다. 자극적이고 표출적인 활동을 위한 시간을 제공한다. 세부 사항을 대충 말하지 않고 글로 써서 제공한다. 참여적인 관계를 제공한다. 보상을 제공하는 것이다. 표출형이 두려워하는 것은 표출적인 관계에서 배척당하거나 자기 가치를 상실하는 일이다. 그러니 말이 없고 과묵하고 반응이 없는 사람과는 불편해한다. 혹시 표출형을 만난다면 이 사실을 유의하라.

서술형이란?

서술형은 내향적인 성격으로 감성적으로 표현하는 스피치 스타일을 가진 사람들이 많다. 간접화법을 즐겨 쓰며 자신의 의도를 잘 드러내지 않는 내숭형으로 상황을 서술하듯 장황히 늘어놓으면서도 가능하면 자신의 의도를 잘 드러내지 않는 특징을 갖는다. 서술형은 조용하며 침착하다. 그리고 평온하며 따뜻하다. 하루 종일 남의 말을 들어줄 수 있는 사람은 오직 서술형밖에 없다. 서술형은 화를 낼 줄 모른다. 이들은 주로 말하기보다는 상대의 말을 들어주는 편이다. 서술형끼리 앉혀 놓으면 하루 종일 있어도 꼭 싸운 사람처럼 말을 안 한다.

■ 보다 나은 스피치를 위한 조언 — 서술형

자기주장을 할 것

자기주장에는 꼭 주장하지 않으면 안 되는 것과 자기 현시욕에서 자기의 존재를 크게 알리려는 것이 있다. 별로 가치 없는 일을 두고 자기주장을 강하게 한다면 오히려 다른 사람들로부터 도외시된다. 사회적으로 타당성과 정당성이 있는 것을 부정하고 자기주장만 펴는 것은 억지에 지나지 않는다. 자기에게 주장이 있는 것처럼 다른 사람에게도 주장이 있다는 것을 인정해야 한다. 상대방의 의견에 대한 자신의 견해를 분명히 보인다면 상대방은 이쪽에 호감을 갖게 된다.

다른 사람의 신뢰를 받도록 할 것

감정적이지 않고 이성적이어야 한다. 그러나 너무 이성적이어서 상대에게 냉정하다는 인상을 주어서는 안 된다. 성실성과 책임감을 가지고 결정된 것을 달성하려는 노력을 보여야 한다. 또 절대로 다른 사람을 속여서는 안 된다.

가장 먼저 축하해 줄 수 있는 사람이 되라

친구가 성공했을 때 가장 먼저 축하해 주는 사람이 되라. 첫 번째로 축하해 주는 사람이 주는 이미지는 그 무엇과도 비교할 수 없을 만큼 값진 것이다. 이 원칙은 당신이 나쁜 소식을 첫 번째로 전하는 사람이 되지 말라는 뜻이기도 하다. 남보다 뛰어난 사람만이 남을 축하할 줄 안다. 친구의 기쁨을 함께 기뻐해 주려면 사실 넓은 아량이 필요하다. 그러나 넓게 보면 친구의 성공은 당신의 성공이기도 하다. 그러므로 아낌없이 칭찬하고 축하하라. 축하가 너무 길 필요는 없다. 편지를 보내거나 전화 통화를 하는 정도로 간단하게 하는 게 좋다.

■ 서술형과 대화하는 방법

진실되고 개인적이고 호의적인 환경을 만들어 줘야 한다. 개인적으로 진실된 관심을 가져준다. 'How'라는 질문에 대해 명확하게 답변을 해준다. 목표를 끌어내는데 인내심을 가져야 한다. 위협적이지 않은 방식으로 현 방식에서 벗어난 접근 방식이나 아이디어를 제공하는 것이 좋다. 명확하게 목표, 역할, 절차, 전체계획에서 위치를 규정한다. 사후 지원을 해주어야 하며 어떻게 그의 행동이 위험을 최소화하고 현재 일을 향상시키는지 강조해야 한다. 서술형이 두려워하는 것은 의견의 불일치나 관계의 갈등이다. 그러니 공격적인 말은 삼가야 한다. 서술형과 대화할 때는 이 점을 유의하라.

논증형이란?

논증형은 내향적인 성격으로 주로 합리적인 스피치 스타일을 고수한다. 간접화술을 즐겨 쓰며 정확한 데이터와 이론을 바탕으로 심층적인 논증형의 스피치 특징을 갖는다. 논증형들은 그냥 스쳐듣는 것이 없다. 상대가 말하는 단어 하나하나조차도 모두 접수한다. 그 의미를 묻고 또는 혼자서 깊이 생각하기도 한다. 그러다 보니 때로 억측을 하거나 잘못된 판단을 한 나머지 오해를 일으키기도 한다.

논증형은 단답형이다

논증형은 필요한 사항 외에는 말을 하지 않아서 무뚝뚝하다는 인상을 준다. 하지만 그것은 그들이 무뚝뚝해서가 아니라 언제나 해야할 것만을 하기 때문이다. 논증형은 융통성이 없어서 설파형들로 하여금 답답하기 짝이 없는 사람들이라는 인상을 준다. 그러나 논증형은 그저 자신에게 주어진 것만 할 뿐이다. 항상 이들이 우선시하는 필수항목은 업무에 대한 객관적인 정보, 세부지시 사항 같은 현실적인 것들뿐이다. 그 다음에 어떻게 할 것이냐는 대목은 전적으로 그들의 것이 아니다. 똑같은 말을 해도 이들은 말의 앞뒤에 미사여구나 감사의 인사를 넣거나 말을 과장되게 하거나 화려하게 장식할 줄을 모른다. 그러다보니 차갑고 썰렁한 인상을 주기도 한다. 그러나 쓸데없이 긴말을 싫어하는 설파형들은 업무에 있어서는 단답형인 이들을 도리어 좋아한다. 여기에 알랑거리는 상대에 대한 칭찬의 말이나 깔끔한 농담이 섞인 표출형 타입의 인사말만 덧붙인다면 아주 세련된 사람들로 변모할 수 있다.

■ 보다 나은 스피치를 위한 조언 ─ 논증형

핵심을 찍어 단무지(단순하면서도, 무식할 정도로 단도직입적으로, 그러나 지혜롭게)화법으로 말하라

어떤 신문사에서 유명한 여배우의 사진을 필요로 하게 되어 촬영에 솜씨 좋은 기자로 하여금 그녀의 사진을 촬영하라고 지시했다. 그러나 그 여배우는 촬영에 쉽게 응해 주지 않았다. 사진 기자는 할 수 없이 신입 기자에게 그 일을 부탁하고 말았다. 물론 그 일이 대단히 어렵다는 말도 잊지 않았다. 그랬더니 채 한 시간도 못 되어 그녀의 사진을 찍어 가지고 돌아왔다. 깜짝 놀란 사진 기자는 어떤 방법으로 촬영했는가를 묻지 않을 수 없었다.

"무슨 좋은 요령이라도 있었나?"

"아뇨, 그냥 부탁을 했을 뿐인 걸요."

사진 기자는 놀라지 않을 수 없었다. 신입 기자의 말에 의하면 이 랬다. 기자는 그녀의 집을 찾아가서 초인종을 누른 후 그녀가 나타나 자 아무 거리낌 없이 "신문에 실을 당신의 사진이 필요해서 찾아왔습 니다."라고 말했다고 한다. 그러자 그녀는 미소를 지으면서 선선히 응했다는 것이다. 이처럼 짧고 핵심적인 말은 상대방에게 강한 인상 을 준다. 우리들의 일상 대화는 모두 설명형이다. 한 가지 요건을 수 식하여 줄줄이 나열해야만 쉽게 이해가 될 것이라는 생각에 자꾸 말 이 길어진다.

장황하게 말하는 것이 논리성과 설득력을 모두 보장해주는 것은 아니다. 흔히 이런 형태의 함축성 있는 말을 놓고 '촌철살인'이라고 한다. 이는 아주 짤막한 말로써 사람을 감동시키는 것을 말한다. 또 한 화려한 말보다도 직감적인 표현이 오히려 상대방에게 강하게 어 필할 수 있다. 특히 오늘날 같은 속도화 시대에는 장문이 아닌 간단명 료한 말을 선호하는 경향이 더욱 강하다.

논리가 통하지 않는다면 인간성을 갖고 대하라

어느 경양식집에는 오래도록 단골이 끊이질 않았다. 그 식당의 주 인은 나이 쉰 살이 다 되어 가는 중년 여자였다. 식당이 성행할 수 있 었던 비결은 여자의 응대에 있었다. 주인 여자가 손님의 심리를 정확히 파악하여 응대했기 때문에 오래도록 손님이 끊이질 않았던 것이다. 손님이 기분이 좋을 때는 함께 기뻐해 주고, 우울해서 말없이 술잔만 기울이고 있을 때는 손님을 향한 격려의 말을 잊지 않았다.

논리가 안 통할 때가 있다. 그럴 때 상대방에게 인간적으로 접근하는 위력은 기대 이상으로 좋은 결과를 가져다준다.

한 사례를 살펴보자. 우예슬·이혜진 양 납치살인사건의 용의자 정 모 씨의 자백을 받아낸 경찰청 범죄정보지원계 권일용(42) 경위가 그랬다. 정 씨는 첫 대면부터 막무가내로 살해 사실을 부인했다. 그러자 권 경위는 인내심을 갖고 용의자의 얘기를 들어주는 쪽을 택했다. 이런 식의 교감을 통해 상대방으로 하여금 경찰이 자신의 편이 돼 줄 수 있다는 희망을 갖게 했다. 그러다가 권 경위는 어느 순간 앞뒤가 안 맞는 결정적인 대목을 발견했다. 순간 권 경위는 정 씨를 공박했다. 그로 인해 정 씨는 무너지고 말았다. 권 경위는 이렇게 말한다. "용의자들을 대할 때, 비언어적 요소나 문화적인 접근이 더 중요할 때가 있습니다. 처음 만나는 순간, 3초 이내에 사람들은 서로에 대해 많은 것을 이해하기 때문입니다. 인간적인 면을 고려해 대처법을 찾아야 합니다."

이처럼 논증형은 때론 논리보다도 인간성을 갖고 상대방을 대해야 할 필요가 있다.

감각적으로 표현하라

우리는 오감을 통해 모든 정보를 받아들인다. 생각이나 인상은 후각, 미각 그리고 촉각을 통해서도 형성되지만 거의 대부분의 정보는 청각과 시각, 즉 오디오 및 비디오 식의 방법을 통해 얻게 된다. 이렇게 정보를 받아들이는 방법은 특히 텔레비전이라는 매체를 통해 급격하게 자리 잡아 왔다.

누구에게나 감각은 있다. 단단한 것보다는 부드러운 것, 차가운 것보다는 따뜻한 것을 찾으려 한다. 무미건조한 말보다는 정감 어린 말을 즐기고, 지성보다는 감정이 앞서고야 마는 것이 인간의 속성이다. 보다 친밀한 관계로 나아가기 위해서는 감각어를 활용하는 편이 좋다.

대화의 묘미란 자신의 감각을 상대의 감각에 접촉시켜 전달하는 데 있다. 감각이 예민한 젊은 층의 사람들이 감각을 자극시키는 감각어에 약하듯 감각어를 적절히 구사할 줄 아는 사람은 대화의 성공적 효과를 얻을 수가 있다. 감각어는 지적인 호소력보다는 감정의 심리를 자극하는 말이다.

■ 논증형과 대화하는 방법

대화하기 전에 충분히 준비할 시간을 준다. 아이디어에 대한 찬성과 반대 의견을 직접 제공한다. 정확한 데이터를 갖고 아이디어를 지지한다. 갑작스럽게 합의된 내용을 바꾸지 않는다는 확신을 제공한다. 이 일이 전체와 어떻게 연계가 되어 있는지 정확하게 설명한다. 체계적이고 포괄적인 방법으로 내용을 제시한다. 만약 동의하지 않는다면 구체적으로 말하라. 참을성 있게 지속적으로 설득하는 식으로 얘기하라.

논증형이 두려워하는 것은 업무에 대해 비판받는 것이다. 조직적이지 않는 추론을 싫어한다. 부주의하거나 게으른 것을 싫어한다. 또한 이슈를 개인화하는 노력 역시 싫어한다.

남녀의 심리 차이를 이해하라

어딜 가든 손을 붙잡고 다니는 노부부가 있었다. 그분들에게 말했다.

"서로 참 사랑하시나 봐요. 두 분이 늘 손을 꼭 잡고 다니시네요."

그러자 할아버지가 입을 열었다.

"손만 붙잡고 다니는 게 아니에요. 우리는 서로 '꼭꼭꼭, 꼭꼭'을 한답니다."

내가 의아하다는 반응을 보이자 할아버지가 웃으며 말했다.

"서로 손잡고 다니다 제가 엄지 손가락으로 아내 손을 꼭꼭꼭 하고 세 번 누릅니다. 그러면 아내가 꼭꼭 하고 두 번 눌러준답니다. 이건 사실 우리 부부가 시작한 게 아니에요. 따라 하는 거랍니다. 이웃에 노부부가 사는데 마치 젊은 연인처럼 손을 꼭 붙잡고 다녔답니다. 한데 부인이 갑자기 뇌졸중으로 쓰러져 의식을 잃었답니다. 중환자실에 있는 부인은 호흡만 붙어 있을 뿐 죽을 날만 손꼽는 상황이었습니다.

그러던 어느 날 남편은 그동안 경황이 없어서 아내에게 하지 못한 일이 생각났다고 합시다. 즉시 아내 손을 붙잡고 전에 하던 대로 엄지손가락을 펴서 꼭꼭꼭(사랑해) 하고 세 번 눌러 준 것입니다. 순간 아내의 엄지손가락이 서서히 움직이더니 힘겹게나마 꼭꼭(나도) 하고 남편의 손등을 누르며 반응한 것입니다. 그때부터 남편은 아내 손을 붙잡고 계속해서 '꼭꼭꼭'으로 대화했습니다. 아내의 손에 점점 힘이 들어갔고 얼마 뒤 놀랍게도 의식이 돌아왔습니다. 사랑이 죽어 가던 생명을 구해 낸 것입니다. 이 감동적인 이야기를 듣고 우리 부부도 손을 붙잡고 다니면 '꼭꼭꼭, 꼭꼭'을 실천하기 시작했다. 정말 행복합니다."

'사람'이라는 단어를 발음하면 자연스레 입술이 닫히고 '사랑'이라는 단어를 발음하면 입술이 열린다. 한마디로 '사람'은 '사랑'으로 서로를 열 수 있게 한다.

'자기 방식'만 밀어붙이지 말고 상대의 심리를 이용해야 한다. 설교시간에 목사님께서는 아담과 하와의 탄생에 대한 얘기를 했다. 예배를 마치고 교회를 나오면서 아내가 남편에게 궁금하다는 듯이 물었다.

"여보, 하나님은 왜 남자를 먼저 만들고 다음에 여자를 만들었을까?"

얘기를 듣고 난 남편이 한심하다는 듯이 대답했다.

"그거야 당연하지. 여자를 먼저 만들었어봐. 남자 만드는 것을 보고 있다가 '여기를 이렇게 해 달라, 저기를 저렇게 해 달라' 하며 잔소리가 심할 텐데 얼마나 귀찮으셨겠냐?"

미혼인 남녀의 경우를 예로 들어보자. 남녀 두 사람의 관계가 아직 초기 단계일 때는 남성의 입장에서 상대방 여성에게 선뜻 전화를 걸 용기가 나지 않을 수도 있다. 통화를 한다고 한들 무슨 대화를 어떻게 해야 할지 몰라 버벅대다가 통화를 끝내는 경우도 부지기수다. 이런 단계일 때 어떤 남성 같은 경우는 전화를 걸기 전, 대화할 스토리를 미리 짜 놓는다. 어떤 대화를 해야 할지 충분히 고민하고 숙고한 후에 상대방과 통화를 하게 되는 경우도 있다. 헌데 이러한 경우는 오히려 상대방에게 부담을 주게 된다. 그러지 말고 상대 여성에게 산뜻한 느낌이 드는 전화를 해보자. 그러기 위해서는 기분을 정리하고 평소 좋아하는 음악을 듣고 전화를 거는 편이 좋다. 그리고는 이러한 음악을 듣다가 생각이 나서 전화했다는 식으로 통화의 물꼬를 튼다. 별일은 없느냐, 어떻게 지내느냐는 식의 안부를 주고받다가 통화를 끝내는 것이 좋다.

또 다른 방법으로는 수첩을 뒤적이다가 문득 생각이 나서 전화를 했다고 하면 된다. 이때 중요한 것은 여성에게 자신의 이미지나 흔적을 남기는 것이다. 여성은 반복적인 것들을 좋아하기 때문이다. 몇 개월 동안 아무런 연락이 없다가 불쑥 나타나서 사랑타령을 하는 것 보다는 간단한 안부전화를 자주 하는 것이 훨씬 좋은 방법이다. 그러다가 그 여성에게 처음으로 전화로 데이트를 신청하려 할 때 만나려는 날짜를 정해서 "이번 주 토요일 만났으면 합니다." 하고 이야기를 하는 것은 좋은 방법이 아니다. 왜냐하면 여성이 남성에게 좋은 감정을 가지고 있다면 별반 문제가 없지만, 그렇지 않다면 거절당하기 쉽기 때문이다. 그렇다면 거절당하지 않기 위한 방법은 무엇일까? 상대방에게 선택의 여지를 주면 된다. 전화를 걸어서 대략 3일 정도 날짜를 골라서 선택을 하도록 하면 된다. 이를 테면 이런 것이다. "이번 주 금, 토, 일 중에서 편하신 날짜를 정하세요." 이렇게 상대방에게 구체적인 선택권을 제시한다면 여성도 요목조목 핑계를 대기가 어려워지고, 그로써 만남은 자연스레 성사된다.

무엇보다 마음속으로 자기 규제를 어떻게 하느냐 하는 내용적 차이가 남성과 여성의 행동 원리의 차이를 낳는 큰 원인이 된다. 남성은 양심을 행동의 기준으로 삼아 가책을 느낄 만한 일을 하지 않는 한 떳떳하게 살아가겠다는 신념을 가진다. 양심의 가책을 느끼는 일을 하게 되면 죄책감 때문에 마음대로 행동할 수 없다. 그런 죄의식이 남성의 행동을 속박한다는 의미이다. 그러나 여성의 행동 원리는 죄의식보다는 수치심에 있다. 그렇다고 여성에게는 양심과 죄의식이 없다는 것이 아니라 수치심에 더 큰 비중을 두는 경향이 있다는 것이다. 예를 들어 정숙해야 할 장소에서 아이들이 시끄럽게 떠든다면 어머니는 "창피하지도 않아. 사람들이 욕해. 그만둬!"라고 하면서 수치심을 자극하여 아이를 꾸중한다. 그러나 아버지는 "다른 사람에게 폐가 되잖아!"라고 꾸중하면서 아이에게 죄의식을 심어 준다.

남자는 상대방에게 꼭 필요한 사람이라는 것을 느낄 때 비로소 자신감을 얻게 되지만, 여자는 누군가를 사랑하고 그로부터 사랑을 받으면 그 자체에서 생활의 활력을 얻는다. 여성의 행동 원리인 수치심은 주위 사람들로부터 사랑을 잃지 않을까 하는 실애공포失愛恐怖를 말한다. 그래서 다른 사람을 지나치게 의식하게 되어 타자 지향적이 된다. 이처럼 수치심이란 타인의 시선을 의식하는 일에서부터 싹튼다.

옷을 곱게 차려입은 한 부인이 일곱 살쯤 되어 보이는 아들의 손을 잡고 미술품 전시장에 관람하러 왔다. 부인의 모습이 어찌나 우아하던지 미술관에 온 사람들의 시선을 끌었다. 부인은 아들과 함께 작품 한 점 한 점을 천천히 감상하며 어떤 작품 앞에서는 미소를 짓기도 하고 또 어떤 작품 앞에서는 살짝 고개를 끄떡이기도 하는 자세를 취했다. 이러한 모습이 부인의 기품을 더욱 돋보이게 만들었다. 그런데 부인의 손을 잡고 있던 아들이 어찌나 짓궂던지 작품에 함부로 손을 대고 다녔다. 부인은 그럴 때마다 나직한 소리로 아들에게 말했다.

"애야, 작품에 마구 손을 대면 안 돼요. 조용히 눈으로 보고 마음으로 느껴야 하는 거예요."

아이를 타이르는 부인의 태도에 많은 사람들은 크게 감동을 하였다. 시간이 지나자 미술관에 있던 관람객들이 하나둘 빠져나가고 나중에는 부인과 아들 두 사람만 남게 되었다. 작품을 둘러보던 아들이 자신의 키보다 조금 더 높은 위치에 진열되어 있는 도자기에 손을 대려 했다. 그 순간 재빨리 전시장을 둘러본 부인이 전시장에 아무도 없는 것을 확인하고는 아들에게 무섭게 꾸짖었다.

"이 새끼야, 도자기가 떨어지면 대가리 깨진단 말이야. 알았어?"

문제를 해결하는 순서에 있어서도 남자는 여자와 상당한 차이를 보인다. 여자는 화가 나면 우선 그 상황에 대해 이야기하면서 자신의 감정과 생각을 보다 확고히 한다. 그래서 여자는 남자에게 고민이 생기면 마치 자신의 일처럼 다가가 그 문제에 대해 같이 머리를 맞대고 상의하고 싶어 한다. 그러나 남자는 혼자서 문제를 정리하고 싶어 한다. 또한 문제가 잘 안 풀려도 다른 사람들과 대화하기보다는 스포츠나 취미활동 등으로 몸을 움직이면서 스트레스를 해소하려고 한다. 남성과 여성은 다음과 같이 다르다.

남 성	여 성
• 독립적, 경쟁적, 목표 지향적	• 의존적, 수용적
• 죄의식, 시각 지향적	• 인격적 욕구지향적
• 시공간 능력, 공격적	• 수치의식, 청각지향적
• 활동을 함께하는 친구	• 언어적 능력
• 사물을 논리적으로 깊이 생각함	• 양육적, 감정을 나누는 친구
• 유행에 무관심, 추리적, 이성적	• 타인의 암시나 시사에 의해 결정
	• 유행에 민감, 직관적, 감정적

'여자에게 가할 수 있는 가장 잔인한 고문이 무엇일까?'라는 엉뚱한 질문이 있었다. 이 질문에 대해 프랑스의 어느 심리학자는 이렇게 답했다. 그 방법 중의 하나가 바로 여자를 밀폐된 한 방에 가두는 것이라고, 그 방 안에 일류 디자이너가 만든 백 벌의 드레스와 백 개의 모자를 안으로 넣어 준 다음 거울을 일절 보여 주지 않는 것이라고. 과연 그럴듯한 대답이다.

심리학자들의 말에 의하면 남성은 한쪽 뇌의 발달이 느려 한꺼번에 두 가지 일을 할 수 없다고 한다. 따라서 남성은 깊이 있게 한 가지를 연구하는 일에는 적합하지만 여러 가지 일을 한꺼번에 처리할 능력이 없는 반면 여성은 왼쪽과 오른쪽 뇌가 고르게 발달해 한꺼번에 여러 가지 일을 할 수 있으며 들을 수도 있다고 한다. 따라서 여성은 라디오에서 흘러나오는 음악을 들으면서 아기도 보고 다리미질도 할 수 있는 만능꾼이라는 것이다.

이것을 모르는 아내는 지친 몸으로 퇴근해서 저녁 밥상 앞에서 신문을 보고 있는 남편에게 이것저것 물어 보려고 하니 남편이 '당신은 몰라도 돼!' 라며 짜증을 내고 만다. 아내는 남편과 대화하기 위해서는 이야기에 집중할 수 있는 분위기를 조성한 다음 화두를 꺼내는 것이 좋다. 그러면 남편도 아내의 얘기에 관심을 갖고 대화에 응하게 된다. 이처럼 남녀 간의 성적인 차이나 심리를 파악하고 있으면 원만한 관계를 유지하고 이야기를 끌어나가는데 도움을 준다. 그러니 무조건 자기 방식만 밀어 붙이지 말라. 우선 상대방의 심리를 파악한 후에 소통을 시도하라.

남자는 인정, 여자는 사랑

　　결혼 후 나이가 들어감에 따라 여자는 점점 강하고 당당해진다. 그런 것에 비해 남자들의 목소리는 작아진다. 멀쩡하게 일을 잘하던 남자들도 '도대체 내가 이 일을 하는 의미가 무엇인가?' 자문하면서 회의를 갖기도 한다. 여자는 그 반대다. 결혼 초에는 남편이 몇 시에 들어오는지, 요즘 사랑한다는 말을 몇 번 했는지, 나를 몇 번이나 만져줬는지에 관심을 집중하고 산다. 그러다가 나이가 들어감에 따라 남편의 애정에 덜 연연하게 되고, 대신 자기주장이 점차 강해진다. 좋게 말하면 독립적으로 변하는 것이고, 뒤집어보면 공격적으로 변하는 것이다. 바로 이 시기에 남자들은 아내에게 약한 남자로 비춰진다. 다툼을 하더라도 아내에게 곧잘 밀리고 만다. 고단한 세상살이에 지친 남자들은 자신의 마음을 인정하고, 또 공감해주는 따뜻한 아내를 기대하고 귀가한다. 하지만 이런 남자의 기대가 무너지는 순간도 많을 것이다. 이처럼 남자가 남자다움의 굴레를 벗고 싶은 시기에 여자도 여자다움의 굴레를 벗으려 한다.

이렇듯 남자와 여자의 삶이 다른 양상을 띠는 이유는 남과 여가 근본적으로 다른 존재이기 때문이다. 어느 날 노부부가 부부싸움을 했다. 싸움을 한 다음날 할머니가 일체의 말도 하지 않았다. 그저 때가 되면 밥상을 차려서는 할아버지 앞에 내려놓고 자신은 한편에 가만히 앉아 말없이 바느질을 했다. 그러다가 할아버지가 식사를 마칠 때쯤이면 또 말없이 숭늉을 떠다 놓기만 했다. 할아버지는 밥상을 사이에 두고 마주 앉아 도란도란 이야기를 나누던 할머니가 한마디도 하지 않으니 가슴이 답답했다. 할머니의 말문을 열어야겠는데 자존심 때문에 먼저 말을 꺼낼 수는 없는 노릇이다. 어떻게 해야 말을 하게 할까 할아버지는 한참동안 곰곰이 생각했다. 빨리 할머니의 침묵을 깨고 예전처럼 다정하게 지내고 싶을 뿐이다. 잠시 뒤 할머니가 빨래를 걷어서 방 안으로 가져와 빨래를 개켜서 옷장 안에 차곡차곡 넣었다. 말없이 할머니를 바라보던 할아버지는 옷장을 열고 무언가 열심히 찾기 시작했다. 여기저기 뒤지고 부산을 떨었다. 처음에 할머니는 그 모습을 못 본 척 했다. 그러자 할아버지는 점점 더 옷장 속에 있던 옷들을 하나 둘씩 꺼내놓기 시작했다. 할머니가 가만히 바라보니 걱정이다. 저렇게 해놓으면 나중에 치우는 것은 할머니 몫이기 때문이다. 부아가 난 할머니가 볼멘 목소리로 물었다.

"뭘 찾으시우?"

그러자 할아버지가 빙그레 웃으며 대답하셨다.

"이제야 임자 목소리를 찾았구먼."

"…."

인생에서 화목한 삶을 유지하는 일처럼 중요한 것도 없다. 프랑스에 이런 한 토막의 이야기가 있다. 어린 여자아이에게 종이로 포장된 초콜릿을 두 개 내어놓고 질문을 해보았다. "두 개 모두 종이를 벗기면 인형 모양의 초콜릿이 있단다. 이쪽 것은 사내 아이고 이쪽 것은 여자 아이란다. 넌 어느 쪽을 갖겠니?" 그 아이는 잠시 생각하다가 "저는 사내 아이 쪽이 좋아요."라고 답했다. 상대방이 "왜 그렇지?"하고 물었다. 그 여자아이는 모든 것을 다 알고 있다는 듯이 서슴지 않고 대답했다. "초콜릿이 그것만큼 더 붙어 있지 않겠어요?"

남녀의 차이는 인류 역사에 오래 남을 영원한 흥밋거리다. 요즘의 페미니스트들은 남녀 간의 차이가 없다고 주장하지만 사실 이것은 허위 사실을 유포하는 정치적인 말이다. 남녀 간의 차이는 분명히 있다.

남녀 간의 차이는 유전자 및 뇌의 호르몬, 뇌세포, 신경전달물질 등에서 기인하고, 이 차이가 남녀의 행동 및 심리차이를 만들어 낸다. 남녀의 행동차이가 사회화에 의해 만들어질 수도 있지만(환경론적인 차이) 더 기본적인 것은 앞에서 말한 생물학적 요인에 의한 차이다.

어느 외국 저자가 쓴 책에서 보니까 여자아이는 젖을 먹을 때 한번 먹고 엄마 한번 쳐다보고 오랫동안 먹는다고 한다. 하지만 남자아이는 다르다고 한다. 그냥 젖을 죽죽 빨리 다 먹고 잠을 잔다고 한다. 남자와 여자는 유아시절부터 이러한 생물학적인 차이가 있다.

여자는 언어능력이 뛰어나고 남자는 공간지각력이 뛰어나다. 여자의 언어기능은 두뇌의 좌뇌에 주로 위치에 있는데, 우뇌에도 이보다 기능이 떨어진 언어기능위치가 있어 이 둘이 서로 합작하여 여자의 뛰어난 언어능력을 설명해 준다. 따라서 여자가 대화에도 뛰어나고 언어관련 직업에 많이 종사한다. 그런데 남자의 뇌에는 이런 언어기능을 담당하는 부위가 잘 발달되어 있지 않다. 대신에 남자는 공간지각력이 뛰어나다. 남자의 우뇌 앞쪽에는 공간지능을 담당하는 부위가 네 군데나 있다. 반대로 여자는 그 부위가 잘 발달되어 있지 않다. 따라서 남자들은 공간과 관련된 직업(건축, 수학, 물리)이나 스포츠에 뛰어나다. 공간지능은 머릿속에서 물건의 형체, 차원, 좌표, 비율, 움직임, 자리 등을 상상하는 능력이다.

남자는 사물(일)을 좋아하고, 여자는 사람을 좋아한다고 한다. 그러니까 인간관계적 일(서비스, 인문사회)에는 여자가 적성에 더 맞고, 덜 인간관계적인 일(컴퓨터나 공학)에는 남자가 더 적성에 맞다. 이 모든 것이 다 생물학적인 차이에서 기인한 결과다. 남녀의 이런 차이는 진화론에서 기인한다. 남자는 사냥꾼적 원거리 터널 시야를 가졌다. 즉 어떤 목표물이 정해지면, 그 한 가지 대상을 추적하고, 또 그것에만 집중하는 습성이 있다. 사냥감 외에는 주변사물에는 별로 신경 쓰지 않는다. 남자는 사냥을 잘해야만 아내나 주위사람들한테 인정을 받곤 했던 것이다. 남자가 TV를 보고 있을 때 곁에서 아내가 무슨 말을 해도 잘 들리지 않는 이유다.

여자는 대신 방어적인 주변 시야를 가졌다. 때문에 여자는 둥지수호자의 역할을 해야 했다. 여자는 뒤에도 눈이 있다는 말이 있는데 두 눈으로 볼 수 있는 폭이 남자보다 넓다는 의미다. 원거리는 남자가 잘 보고 주변은 여자가 잘 보는 것이다. 아이양육자로서의 여자는 주위에서 위험의 기미를 빨리 알아차려야 했고, 아이와 어른의 표정에서 그들의 기분을 재빨리 알아차려야 했던 것이다. 그래서 오늘날도 여자가 다른 사람의 감정에 민감하고 잘 알아차린다. 이런 여자만이 남자한테 인정을 받았다. 이런 성 역할에 충실하는 자만이 진화의 과정에서 살아남았고, 이런 것이 유전자에 각인되었고, 우리는 그들의 자손인 것이다. 오늘날 남녀의 차이가 흐려지고 양성적 역할이 나타난 것은 50년이 채 되지 않는다. 그러나 진화의 과정은 50억 년의 세월을 거치지 않았는가.

남성과 여성의 대화방식

남성과 여성은 같은 대화를 나누더라도 대화의 목적이 크게 다를 수 있다. 존 그레이나 데보라 테넌의 의견을 따르면, 남성은 대화를 하는 데 있어 문제의 해결에 주안점을 둔다고 한다. 반면에 여성은 대화를 나누는 데 있어 상대적으로 문제의 해결보다는 그 문제에 관해 상대 남성이 공감해 주기는 바란다는 것이다.

남자는 결과중시형 대화법, 여자는 과정중시와 감정중시형 대화법에 익숙하다. 남자는 대화를 할 때 이런 말을 많이 한다. "그래서? 그 다음에 어떻게 되었어?" 여자는 대화할 때 그 당시의 감정, 느낌, 그 과정을 묘사하는데 초점을 둔다. 그래서 일일드라마가 아침저녁으로 아주머니들에게 인기가 있다. 대화에서 엇갈리는 게 여기서 나타난다. 여자가 자기 얘기를 계속한다. 학교에서 이러저러했고 오늘 뭐 먹었고 그거 맛있었고 집에 올 때 힘들었고 공부할 때 이러저러한 상황에 있었는데 재밌었고 등등의 이야기를 한다. 물론 남자가 여성의 특유의 감성적인 대화법을 알고 과정을 따라가면서 그때마다의 감정을 캐치하면서 리액션을 보여준다면 문제는 없다. 하지만 남자가 여성의 이러한 속성을 파악하지 못하고 자꾸만 어떤 문제를 해결하려는 듯한 말을 한다면 소통에 지장이 생길 것이다.

남녀의 대화 스타일에는 분명 차이가 있다. 예를 들면 남성은 보고하는 식의 전달 방식이지만 여성은 상대방과 교감하는 스타일이다. 남성은 경쟁적인 말투인데 비해 여성은 협조적이다. 남성은 해답을 모색하는 식의 대화를 주로 하는 반면 여성은 상대방과의 감정적 교류를 강화하거나 상호 관련성을 모색하는 대화를 한다. 남녀의 이런 대화 방식의 차이가 대화에서 말썽을 일으킨다.

일반적으로 여성의 대화 스타일은 남성보다 감성적이다. 여성은 대화 상대와의 감정을 공유하거나 그것을 강화하려는 방향으로 말한다. 반대로 남성은 파워나 신분 등에 초점을 맞춘다. 남성의 이런 대화 모습은 눈앞의 문제를 해결하기 위한 목적으로 직설적인 언급이 이뤄진다. 여성은 그러나 다정한 관계를 조성하기 위해 관심과 애정을 표현한다. 여성의 대화 내용은 다분히 경쟁적이라기보다는 상호 협조적이다.

남성은 업무 추진 스타일의 언행을 보이는 일이 많다. 즉 아는 척하면서 정보를 제공하거나 직설적인 화법으로 자신의 의사를 표현하는 경우가 더 많다. 남성은 자신이 문제를 해결할 능력이 있다는 점을 과시하면서 자신의 경쟁력이나 우월감을 맛보려 한다. 남성은 문제에 대해 대화할 때 해결책을 내놓으려 서두른다. 이는 자신의 능력을 과시하려는 욕구 때문이다. 반대로 남성이 문제 해결을 다른 방향으로 이용할 때도 있다. 즉 문제에 대한 해답을 찾는 식의 대화를 하면서 친분관계를 강화하거나 상대방이 겪는 어려움을 분담하는 것과 같은 분위기를 연출한다.

여성은 관계를 맺고 유지하기 위해 대화한다. 즉 관계중심적이다. 여성은 대화를 나눌 때 대체로 상대방의 견해에 긍정적인 반응을 보이고 동조적이다. 대화를 유지하기 위해 노력한다. 반대로 남성은 문제를 풀거나 자신의 지배력을 유지하기 위해 대화한다. 따라서 남성은 긍정적인 반응을 적게 보이는 편이다. 여성에 비하면 남성의 대화는 추상적인 면이 강하다. 자기 얘기를 적게 하는 편이다. 여성은 대화 속에서 자신의 사생활에 대해 많은 것을 드러낸다. 즉 한 주제에 대해 오랫동안 집중하거나 다른 사람을 자신의 이야기 속으로 끌어들인다. 반면에 남성은 관계나 감정 중심의 대화를 나누기보다는 토론하기를 좋아한다. 그리고 수시로 주제를 바꾼다. 대화의 주도권을 쥐려 한다.

여성도 때론 대화의 주도권을 쥐려 행사하지만 그것은 자신의 권력이나 사회적 위상을 얻고자 해서라기보단 우정에 바탕을 두는 경우가 많다. 남성은 대화에서 경쟁하거나 통제하려 하고 자신의 우월한 위치를 유지하려 한다. 남녀는 일정한 룰과 대화에 대한 해법을 통해 담소를 하게 된다. 남성은 사회적 지위나 독립성을 강조한다. 반면에 여성은 개인적 친밀감이나 연대감을 강조한다. 이러한 차이는 남녀 간의 대화에 문제가 생기게 한다. 즉 남녀 간의 대화는 마치 서로 문화가 다른 지역 사람간의 대화와도 같다. 그래서 흔히 말싸움을 벌이기 마련이다. 남녀 간 대화방식에도 차이가 있다. 예로 든 다음의 대화를 살펴보자.

> 어느 날 밤, 부부가 모처럼 공원 벤치에 앉아 있었다.
> 아내: "여보, 달도 밝지요?(정서)"
> 남편: "그럼 밝지, 오늘이 보름이잖아?(정보)"

> 남편이 퇴근해서 집에 들어온다.
> 아내: "오늘 별일 없었어요?(정서)"
> 남편: "응, 별일 없었는데, 무슨 일 있었나?(정보)"

이처럼 남자들은 대화를 하면서 어떤 결론을 도출해내려 들지만, 여자들은 대화 자체에 의미를 둔다. 말을 하면서 긴장을 해소하고 스트레스도 풀게 된다. 남자들은 백 마디의 말을 줄여서 한 마디로 말하는 반면 여자들은 한 마디의 말을 백 마디로 늘리는 경향이 있다. 남자들은 하루 평균 25,000마디의 말을 한다. 여자들은 조금 더 말을 많이 해서 하루 평균 35,000마디의 말을 한다고 한다. 여성들은 대화하는 재미로 살고 친밀감을 갖는다고 한다.

윤치영 박사의 최적의 공감적 대화법

우리는 종종 '인간극장'과 같은 TV프로그램을 시청하면서 나도 모르게 눈물을 흘리곤 한다. 눈물을 흘리는 이유는 프로그램 속 인물의 마음에 이입했기 때문이다. '아~ 슬프겠다, 너무 힘들겠다…'와 같이 공감하는 마음이 들면 나도 모르게 어떤 감정에 젖게 된다. 공감능력이란 '나는 당신의 상황을 알고, 당신의 기분을 이해한다'라는 말처럼 다른 사람의 상황이나 기분을 같이 느낄 수 있는 능력을 말한다.

리더나 현대인들에게 절대적으로 필요한 것은 바로 상대방의 감정을 인정하고 읽을 줄 아는 공감능력이다. 공감능력은 행복하게 살기 위한 능력이기도 하다. 그 공감능력으로 소통하는 방법을 구체적으로 설명하고자 한다.

첫째, 다름을 인정하기. 사과와 바나나가 다르듯 사람 역시 마찬가지다. 부자와 빈자가 다르고 남녀노소가 다르다. 성격과 환경과 입장과 논리가 다 다르다. 옳고 그름을 따지기 전에 먼저 서로 간의 다름을 인정해야 한다. 다르기 때문이다. 다름을 틀렸다고 몰아붙여서는 안 된다는 얘기다.

둘째, 감정을 인정하기. 사람들은 원천적으로 인정받기를 원한다. 감정조차 동조받기를 원한다. 심리학에서 인지부조화란 두 가지 이상의 반대되는 믿음, 생각, 가치를 동시에 지닐 때 또는 기존에 가지고 있던 것과 반대되는 새로운 정보를 접했을 때 개인이 받는 정신적 스트레스나 불편한 경험 등을 말한다. 레온 페스팅거의 인지부조화 이론은 사람들의 내적일관성에 초점을 맞췄다. 불일치를 겪고 있는 개인은 심리적으로 불편해질 것이며, 이런 불일치를 줄이고자 하거나, 불일치를 증가시키는 행동을 피할 것이다. 개인이 이러한 인지부조화를 겪을 때 공격적, 합리화, 퇴행, 고착, 체념과 같은 증상을 보인다고 알려져 있다.

우리가 일상생활에서 가장 쉽게 접할 수 있는 사례 중에도 많이 있다. 우리는 주변에서 담배를 피우지 않겠다고 생각하면서도 계속해서 담배를 피우는 사람들을 목격할 수 있다. 그들은 자신들의 몸에 담배가 해롭다는 것을 알고 끊어야 한다는 생각을 한다. 하지만 담배를 끊는 행동보다 담배를 피우는 행동을 정당화하여 자신의 생각을 바꾸는 것이 쉽고 편하기 때문에 대부분의 사람들은 담배를 계속해서 피운다. 그들은 주로 '담배 때문에 병에 걸리는 사람은 극소수여서 난 피워도 안 걸릴 거야.' '금연하는 스트레스로 인해 생기는 질병이 더 크고 무섭다'라고 생각을 변화시켜 자신의 흡연을 정당화한다.

이때 당신은 상대방에게 이렇게 충고할지도 모른다. "당신은 결단력이 부족해, 담배는 백해무익한 것이야, 끊어야지, 그걸 못 끊다니." 혹은 "나도 그랬었거든. 그런데 말이야 담배 생각날 때 껌을 씹든지 군것질을 해 봐. 그렇게 순간을 넘기면 끊을 수 있다고."라며 충고하려 들지도 모른다. 그러나 그러지 말라. 함부로 충고하지 말라. 그저 "그렇군, 담배가 스트레스 해소에 좋긴 하지."라며 상대방의 자기합리화까지 인정해 주어야 한다.

셋째, 라포 형성하기. 라포는 사람의 오감(시각, 청각, 후각, 미각, 촉각)에서 느껴지는 정보를 활용하여 상대방이 어떤 신체적인 상태인지를 파악해 그것을 정확하게 이해하고 맞춰주는 것이다. 사람이 사람을 만날 때 그들 사이에 나름 긍정적인 의미가 있고, 긴밀하고 조화로운 관계가 형성될 때 우리는 '라포를 구축했다'고 표현할 수 있다. 그런데, 이것은 절대 혼자만의 느낌이나 생각이어서는 안 된다.

당신이 만난 상대방의 관점에서 당신과 연결되어 있다는 느낌을 주고받아야 라포라는 것이 구축될 수 있는 것이다. 그런 의미에서 서로의 가치관과 우선순위가 공유되었다는 사실을 발견했을 때 형성될 수 있는 일종의 유대감이 라포인 것이다. 그 누군가와 연결되는 느낌은 특정 의도를 갖고 만들어질 수도 있고, 자연스러운 대화로 형성될 수도 있다. 또한, 라포는 장기간에 걸친 신뢰 관계를 구축하기 위한 도구일 수 있고, 비즈니스 성공을 위한 기본 베이스가 될 수도 있다.

취업 면접을 보거나, 어떤 제품이나 서비스를 판매하거나, 조금은 악화된 관계를 개선하고자 할 때, 라포를 구축한다면 더없이 도움이 될 것이다. 라포를 구축한다는 것은 곧 커리어 관리에 있어 매우 도움이 되는 비즈니스 스킬을 터득한다는 의미이기도 하다. '라포'라는 단어는 신뢰라는 단어와 그 의미가 유사하게 느껴질 수 있다. 당신은 라포를 형성하면서 동시에 신뢰감을 구축할 수 있다고 생각할 수 있기 때문이다.

상대방과 신뢰, 공감, 감정을 우호적으로 키워나가는 데 있어 필요한 소통방식으로 무엇이 떠오르는가? 흔히들 생각해볼 수 있는 액션 아이템을 정리해보자면 다음과 같다.

대화 중간 중간마다 미소를 띄운다.

신중하고 주의 깊게 상대방의 이야기를 경청하고 있음을 표현해야
한다.

상대방의 이름이나 직책을 기억하고, 대화 중간에 불러본다.

상대방이 자라온 문화에 적절한 메시지를 구사해야 한다.

눈 맞춤을 유지할 수 있도록 노력한다.

다음 단계로 공통점, 공통적인 관심사, 공통된 의견을 찾아보자.
공통점을 확인하는 것은 상대방과의 교감을 형성하는 데 큰 도움이
된다. 동일한 대학을 졸업했거나, 같은 취미를 공유하거나, 동일한 지
역에서 자랐거나, 동일한 스포츠 구단을 응원하거나 등등의 공통된
화제 말이다. 이야기를 나누다 보면 그 사람과 나 사이의 공통된 관심
사를 파악할 수 있게 된다.

다음 단계로는 경험을 공유할 수 있는 기회를 도모하자. 라포는 상
대방과의 상호 작용 없이는 절대 형성될 수 없기 때문에, 상대방과 자
연스럽게 상호 작용할 수 있는 가장 좋은 방법으로 새로운 경험을 공
유할 수 있는 기회를 도모해보자. 예를 들어, 문제를 정의하고 해결책
을 고안하고 설계 전략을 공동으로 작업하면 당신과 다른 사람을 더
가깝게 만들 수 있다.

다음 단계로 상대방의 감정에 공감하고, 이해하자. 공감이란 특정 사안에 대해 상대방의 관점에서 바라보는 과정 속에서 상대방의 감정을 인식하고, 이해하는 것에 관한 것이다. 따라서 다른 사람의 관점을 이해하고, 그것을 공유하려면, 당신은 상대방이 무엇으로 인해 그런 행동을 하는지 연구할 필요가 있다. 그렇기 때문에, 상대방에게 오픈 질문으로 자유롭게 문의하고, 그들이 이야기할 수 있는 시간을 제공하면 된다.

솔직히 자신에 대해서만 이야기하기를 원하는 사람과의 관계 형성은 좀 피곤하다. 그렇기 때문에 상대방이 감성을 이해하는 노력을 기울인다고 하더라도, 대화의 균형을 유지하려고 노력해야 한다. 다른 사람이 자신에 대해서 이야기하는 만큼 당신도 스스로에 대해 이야기를 공유하도록 노력함이 중요하다. 그래야 결론적으로 둘 다 편안함을 느낄 수 있기 때문이다.

라포 형성을 통해 서로 간의 동질감을 느낄 수 있어야 한다. 적이 아닌 동지애를 느껴야 한다. 동질감과 동지애를 느낄 수 있는 방법은 내가 당신의 아군이라는 사실을 느끼게 해 주면 된다. 동의하고 공감해 주는 것이야말로 동질감과 동지애를 느끼게 해주는 최적의 방법이다. 함께 고생했던 경험이 있다면 그야말로 최고의 동질감과 동지애를 느끼게 해주는 최고의 방법이 될 수 있다. 마음의 유대로 공통분

모를 만드는 것이다.

넷째, 관점전환 능력이 필요하다. '샐리와 앤'이라는 실험을 예로
들어보자. 샐리와 앤이 한 방에 있다. 샐리가 공을 바구니에 넣고 방
을 나간다. 그사이에 앤은 그 공을 꺼내 상자 안에 넣었다. 샐리가 방
으로 돌아오면 공을 어디에서 찾을까? 마음 이론이 형성되지 않은 아
이나 자폐증인 아이는 상자라고 답한다. 마음 이론이란 다른 사람의
마음을 시뮬레이션할 수 있는 능력으로, 내 안에 다른 사람의 마음
을 가상적으로 만들어 '아, 저 사람은 이런 생각을 할 수 있겠구나, 저
사람의 상황은 이렇겠구나'라고 그려 보는 것이다. 샐리가 방을 떠나
있는 동안 앤이 공을 옮긴 것이므로 샐리는 그 공이 옮겨진 것을 보
지 못했다는 샐리의 상황을 마음속의 가상공간에서 재연할 수 있지
만, 자폐증 아이는 자신이 본 것만 생각한다. 그러니 당연히 공을 옮
긴 것을 본 그 결과에 대해서만 말하지, 샐리의 상황은 고려하지 않는
다. 대부분의 아이들이 특수한 상황에 처하지 않는 한 성장하면서 자
연스레 관점전환 능력을 갖게 된다. 그러니 성인이 되었다면 당연히
이 능력을 가지고 있어야 할 것이다. 하지만 때로는 어떤 상황이 발생
해도 이러한 능력이 자연스레 발휘되지 않을 때도 있다. 상황을 바라
볼 때 나 자신이 아닌 상대방의 관점으로 바꿔볼 줄 아는 지혜가 필요
하다. 공감적 대화에서도 바로 이 관점을 바꿀 수 있는 지혜와 배려와

세심함이 필요하겠다.

'소통과 공감력'을 높이기 위해서는 ABCD의 자세가 필요하다. 여기서 A는 'Ask(묻다)'로 진정 자신이 원하는 것이 무엇인지, 이것이 최선인지를 물으며 한 걸음 물러서서 상황을 바라보는 자세를 말한다. B는 'Believe(믿다)'로서 자신과 지인을 믿는 긍정적 생각이 자신의 삶과 세상을 바꿀 수 있다는 의미이며, C는 'Cheerful(유쾌한)'로서 유쾌한 사람 곁에 항상 사람들이 모인다는 뜻이다. D는 'Detail(섬세함)'이며, E는 'Enjoy'로서 즐길 줄 아는 능력을 말한다. 이러한 ABCD의 자세를 견지하며 소통에 임한다면 보다 열려있는 소통의 세계로 발돋움 할 수 있을 것이다. 세상에 거저 얻는 것은 없다. 노력과 실천만이 성공의 길로 향하는 열쇠다. 이 책을 읽는 여러분이 소통의 해법을 알아가고, 보다 건강한 삶을 영위해 가실 수 있기를 바란다. 그렇게만 된다면 저자로서 더할 나위 없이 흡족할 것이다.

소통의 시대,
대화가 잘 풀려야 인생도 잘 풀립니다
여러분의 가정에 행운이 찾아오기를 기원합니다

권선복
도서출판 행복에너지 대표이사

오늘날은 통신기기의 발달로 인해 소통이 한결 용이해졌습니다. 이제는 누군가와 직접 대면하지 않고도 소통할 수 있게 되었습니다. 휴대폰과 이메일 등 많은 통신기기의 비약적인 발전이 우리의 생활을 보다 편리하고 윤택하게 만들었습니다. 나의 의사를 보다 빠르고 손쉽게 상대방에게 전달할 수 있습니다. 생활이 이렇게 편리해진 만큼 우리는 과연 말과 대화의 중요성을 얼마나 인식하며 살고 있을까요?

말이란 상호 간의 소통을 위한 가장 근본적인 방법입니다. 사람과 동물을 구별할 수 있는 특징이기도 하며 자신을 표현하는 가장 기본적이고도 중요한 수단 중에 하나입니다. 말 한 마디로 천 냥 빚을 갚는다고 합니다. 그만큼 사람 관계에 있어 말이란 때론 그 사람의 운명을 좌우할 정도로 큰 힘을 지닌 존재란 뜻이겠지요. 그렇다면 어떻게 하면 말로써 나의 존재 가치를 높일 수 있을까요. 이 책 『공감시대─화법이 바뀌면 인생도 바뀐다』는 이러한 궁금증을 가진 분들에게 권할 만한 책입니다.

저자 윤치영 박사는 이 책에서 이렇게 말합니다. 행복한 성공인으로 거듭나기 위해서 가장 기본적으로 갖춰야 할 사항은 바로 '소통'이라고 말입니다. 언어습관이 곧 그 사람의 운명을 좌우하기도 합니다. 운명은 곧 인생이요, 성공의 요인이기도 합니다. 자신의 말의 가치를 높이려는 노력을 게을리해서는 성공에 결코 도달할 수 없을 것입니다.

그렇다면 타인과 원만한 관계를 맺고 성공을 불러오는 소통의 화법은 무엇일까요? 윤치영 박사는 먼저 상대의 심리를 이해하고 상대에게 공감하면서 동시에 자신의 의도를 거부감 없이 상대에게 각인시키는 것이 소통의 화법이 가진 핵심이라고 이야기합니다. 그리고 이를 위해서 '그렇지요 화법', '언어의 시각화', '워드픽처' 등 다양한 세부적 기술을 제시합니다.

복을 불러들이는 대화법이 있고, 그렇지 않은 대화법이 있습니다. 독자 여러분은 어느 쪽이신가요? 이 책을 읽는 독자 여러분의 삶에 웃음 가득한 복된 날들이 깃들기를 기원합니다.

사실, 당신이 보석입니다

이승규 지음 | 값 15,000원

『사실, 당신이 보석입니다』는 자신의 운명에 굴하지 않고 칠전팔기의 노력 끝에 꿈을 달성한 저자의 경험이 고스란히 녹아있는 책이다. 살다보면 내가 원하지 않았던 일이 오히려 나의 꿈을 키워줄 수도 있다는 사실을 굳게 믿은 저자는 졸업 후 스펙 부족의 좌절을 뚫고 영어라는 열쇠에 매달려 호텔과 면세점을 거쳐 국제보석감정사로 우뚝 서게 된다. 어려운 시대, 젊은이들이 다시금 꿈과 희망을 가지는 데에 큰 도움이 될 수 있을 것이다.

대왕고래의 죽음과 꿈 가진 제돌이

김두전 지음 | 값 20,000원

저자는 제주에서 태어나 거의 전 생애를 살아왔으며, 자신이 태어난 땅과 자연, 사람들에게 깊은 애착을 가지고 이 소설을 구상했다. 제주 김녕마을에 전해져 오는 대왕고래 전설과 인간에게 불법포획되어 수족관에 갇혀 살다가 4년 만에 자유를 찾은 돌고래 제돌이의 실화가 어우러진 이야기 속에서 제주의 고유한 전승과 문화, 자연과 사람들이 살아 숨 쉰다. 160여 년을 넘나드는 제주의 생명력이 독자들의 마음에도 웅대한 감동을 남길 것이다.

그림으로 생각하는 인생 디자인

김현곤 지음 | 값 13,000원

이 책은 급격한 사회변화 속 어려움에 놓인 모든 세대들에게 현재 국회미래연구원장으로 활동 중인 미래전략 전문가, 김현곤 박사가 제시하는 손바닥 안의 미래 전략 가이드북이다. 같은 분야의 다른 책들과 다르게 간단하고 명쾌한 그림과 짤막한 문장만으로 이루어진 것이 특징이며 독자들은 단순해 보이는 내용을 통해 미래에 대한 불안과 혼란에서 벗어나는 것뿐만 아니라 행복한 미래를 설계하는 통찰을 얻을 수 있을 것이다.

내 낚싯대 위에 내려앉은 나비 떼

이매 지음 | 값 20,000원

한 사람의 인생은 그 자체만으로도 문학이 되곤 한다. 이 책은 병장으로 전역한 화
자가 시골 중학교 선생님으로 부임하면서 펼쳐지는 사랑과 이상, 좌절을 다룬 자전
적 이야기이다. 전역 직후 순수한 심성을 간직한 '나'가 '누구도 부임하고 싶어 하지
않는' 시골 중학교의 교사로 부임한 후 다양한 사람들과 얽히며 펼쳐지는 사랑과
이별, 기쁨과 슬픔, 이상과 좌절의 이야기는 순도 높게 정제된 언어의 옷을 통해 독
자의 감성을 움직일 것이다.

커피, 그리는 남자

김상남 지음 | 값 15,000원

『커피, 그리는 남자』는 어느 날 서점에서 그림책 한 권을 우연히 마주친 것을 계기
로 그림의 세계에 빠져든 한 바리스타의 소소한 일상과 아기자기한 그림들이 한데
어우러진 에세이집이다. 시원하면서도 솔직한 손그림과 함께 카페에서 마주치는 손
님들과의 소소한 일화, 삶을 바라보는 짤막한 단상들을 읽어 내려가다 보면 화려하
지 않아도 행복한 인생의 참맛이 따뜻하게 가슴 한구석을 어루만지는 체험을 할 수
있을 것이다.

무슨 사연이 있어 왔는지 들어나 봅시다

손상하 지음 | 값 25,000원

전직 외교관이 외교현장에서 직접 겪은 생생한 이야기를 가감 없이 소개하는 흥미진
진한 수필집이다. 첩보 영화를 방불케 하는 외교 작전에서부터 우리가 모르는 외교
현장의 뒷이야기, 깊은 인간적 비애가 느껴지는 역사의 한 무대까지 저자의 생각과
여정을 따라가다 보면 마치 현장에 와 있는 것만 같은 실감과 함께 세계 속 대한민
국의 위치를 돌아볼 수 있는 사색을 제공할 것이다.

배세일움 사용서
문홍선 지음, 서성례 감수 지음 | 값 20,000원

『배세일움 사용서』는 씩씩하게 그리고 힘차고 즐겁게 인생을 살아가는 '다섯 명 패밀리'에 대한 이야기이다. 책 속 일상에서 마주치는 이런저런 깨달음이나 생각은 때로는 큰 의미로, 때로는 별 것 아닌 장난으로 다가온다. 나침반처럼 일상을 안내하고 손전등처럼 삶의 수수께끼를 비추는 이 '사용서'를 통해 독자들은 삶이라는 요리에 양념을 더하듯 작가의 유쾌한 철학을 전달받을 수 있을 것이다.

2주 만에 살 빼는 법칙
고바야시 히로유키 지음 방민우 · 송승현 번역 | 값 17,000원

진정한 다이어트를 위해서는 자신의 몸, 특히 몸과 마음의 건강 전체를 총괄하는 '장'을 이해하고 돌보는 것이 최우선이 되어야 한다는 것이 이 책이 제시하는 '2주 만에 살 빼는 법칙'이다. 특히 이 책은 자신의 몸을 이해하고 돌보는 방법으로 최신 의학 이론에 기반한 '장활'과 '변활'을 제시하며, '장 트러블' 해결을 통해 체중 감량을 포함한 다양한 문제를 해결할 수 있도록 돕는다.

'행복에너지'의 해피 대한민국 프로젝트!

〈모교 책 보내기 운동〉

대한민국의 뿌리, 대한민국의 미래 **청소년·청년**들에게 **책**을 보내주세요.

많은 학교의 도서관이 가난해지고 있습니다. 그만큼 많은 학생들의 마음 또한 가난해지고 있습니다. 학교 도서관에는 색이 바래고 찢어진 책들이 나뒹굽니다. 더럽고 먼지만 앉은 책을 과연 누가 읽고 싶어 할까요?

게임과 스마트폰에 중독된 초·중고생들. 입시의 문턱 앞에서 문제집에만 매달리는 고등학생들. 험난한 취업 준비에 책 읽을 시간조차 없는 대학생들. 아무런 꿈도 없이 정해진 길을 따라서만 가는 젊은이들이 과연 대한민국을 이끌 수 있을까요?

한 권의 책은 한 사람의 인생을 바꾸는 힘을 가지고 있습니다. 한 사람의 인생이 바뀌면 한 나라의 국운이 바뀝니다. **저희 행복에너지에서는 베스트셀러와 각종 기관에서 우수도서로 선정된 도서를 중심으로 〈모교 책 보내기 운동〉을 펼치고 있습니다.** 대한민국의 미래, 젊은이들에게 좋은 책을 보내주십시오. 독자 여러분의 자랑스러운 모교에 보내진 한 권의 책은 더 크게 성장할 대한민국의 발판이 될 것입니다.

도서출판 행복에너지를 성원해주시는 독자 여러분의 많은 관심과 참여 부탁드리겠습니다.

도서출판 **행복에너지** 임직원 일동

하루 5분 나를 바꾸는 긍정훈련
행복에너지

'긍정훈련'당신의 삶을
행복으로 인도할
최고의, 최후의'멘토'

'행복에너지
권선복 대표이사'가 전하는
행복과 긍정의 에너지,
그 삶의 이야기!

권선복

도서출판 행복에너지 대표
지에스데이타(주) 대표이사
대통령직속 지역발전위원회
문화복지 전문위원
새마을문고 서울시 강서구 회장
전: 팔팔컴퓨터 전산학원장
전: 강서구의회(도시건설위원장)
아주대학교 공공정책대학원 졸업
충남 논산 출생

🏆 인터파크
자기계발 분야 주간
베스트 1위

권선복 지음 | 20,000원

책『하루 5분, 나를 바꾸는 긍정훈련 - 행복에너지』는 '긍정훈련' 과정을 통해 삶을 업그레이드하고 행복을 찾아 나설 것을 독자에게 독려한다.

긍정훈련 과정은[예행연습] [워밍업] [실전] [강화] [숨고르기] [마무리] 등 총 6단계로 나뉘어 각 단계별 사례를 바탕으로 독자 스스로가 느끼고 배운 것을 직접 실천할 수 있게 하는 데 그 목적을 두고 있다.

그동안 우리가 숱하게 '긍정하는 방법'에 대해 배워왔으면서도 정작 삶에 적용시키지 못했던 것은, 머리로만 이해하고 실천으로는 옮기지 않았기 때문이다. 이제 삶을 행복하고 아름답게 가꿀 긍정과의 여정, 그 시작을 책과 함께해 보자.

『하루 5분, 나를 바꾸는 긍정훈련 - 행복에너지』